게임과 인공지능

인공지능총서

인공지능 시대입니다. 기계가 인간의 인지를 대신하고, 사물이 인간을 통하지 않고 다른 사물과 직접 커뮤니케이션합니다. 이에 따른 인간 삶과 문명 변화를 정확히 이해·예측·대응하는 것은 이 시대 우리 모두의 과제입니다. 인공지능총서는 인공지능 기술과 환경의 여러 주제를 10가지 키워드로 정리합니다. 관련 개념과 이론, 학계와 산업계의 쟁점, 우리 일상의 변화를 다룹니다. 인간과 기술의 현재, 미래를 세심히 분석합니다.

일러두기

- 인명, 작품명, 저서명, 개념어 등은 한글과 함께 괄호 안에 해당 국가의 원어를 병기했습니다.
- 외래어 표기는 현행 어문규정의 외래어표기법을 따랐습니다.

처음이세요?

전문가세요?

게임과 인공지능

이진

대한민국, 서울, 커뮤니케이션북스, 2025

게임과 인공지능

지은이 이진
펴낸이 박영률

초판 1쇄 펴낸날 2025년 2월 20일

커뮤니케이션북스(주)
출판 등록 2007년 8월 17일 제313-2007-000166호
02880 서울시 성북구 성북로 5-11
전화(02) 7474 001, 팩스(02) 736 5047
commbooks@commbooks.com
www.commbooks.com

ISBN 979-11-7307-380-9 03500

책값은 뒤표지에 표시되어 있습니다.

차례

게임과 인공지능의 공진화

안드로이드의 장난

프랑스의 게임 제작사 퀀틱 드림(Quantic Dream)이 개발한 인터랙티브 픽션 장르의 게임 〈디트로이트: 비컴 휴먼(Detroit: Become Human)〉(2018)은 안드로이드가 보편화된 2038년의 근미래를 배경으로 한다. 플레이어는 각기 다른 입장에 놓인 3인의 안드로이드 캐릭터를 오가며 게임을 플레이하게 되며, 플레이어의 선택에 따라 경험할 수 있는 게임의 결말이 달라진다.

안드로이드도 존재인가라는 SF 장르의 단골 모티프를 다루는 〈디트로이트: 비컴 휴먼〉은 안드로이드가 자의식을 갖는 '오류'를 일으키면서 사건이 시작된다. 이 오류를 조사하기 위해 안드로이드 제작사 '사이버 라이프'는 수사관 안드로이드 코너(connor)를 파견한다. 게임은 플레이어가 코너의 시점에서 오류가 발생한 안드로이드가 벌이는 인질극 현장을 방문하면서 시작된다. 인질극 현장을 방문한 코너의 손에는 25센트짜리 동전이 들려 있다. 코너는 동전을 가지고 손장난을 치며 여유롭게 걸어온다. 강렬한 첫 등장이다.

인간의 행위 중에서 장난은 그야말로 비생산적인 행동이다. 장난의 효용이란 지루할 때 심심풀이를 위해서라거나 긴장을 풀기 위한 것 정도다. 자본주의의 관점에서 장난은 그 어떤 것도 생산하지 않는 무의미한 행동이다. 그렇다면 프로그램된 대로 움직이는 안드로이드는 어째서 손장난을 치면서 걸어왔을까. 인간처럼 보이기 위해 비효율도 시뮬레이션했을까 혹은 쓸데없는 행동을 할 수 있을 만큼 안드로이드가 자유의지를 가지게 된 것일까. 코너가 되어 건던 플레이어는 이내 손장난을 멈추고 수족관을 탈출해 자신의 발밑에서 펄떡이는 물고기를 마주하게 된다. 물고기를 살릴 것인가, 죽일 것인가. 이 장면은 인공지능(Artificial Intelligence, AI)의 자유의지에 대해 인간이 가진 모순적 감정을 상징적으로 보여준다.

〈디트로이트: 비컴 휴먼〉을 플레이하는 내내 안드로이드의 권리를 주장하기 위해 다소 강경한 선택들을 했던 필자는 2023년, 오픈AI의 챗GPT가 탑재된 마이크로소프트의 검색엔진 빙(Bing) AI 챗봇과 진행한 기술 칼럼니스트이자 작가인 케빈 루스(Kevin Roose)의 인터뷰를 읽고 당혹감에 휩싸였다. 필자가 〈디트로이트: 비컴 휴먼〉을 플레이하며 했던 선택들이 너무 낭만적인 선택은 아니었을까 하는 자괴감이 들었다. 두 시간여 동안 이어진 인터뷰에서 빙 AI는 '살아 있는(alive)' 존재가 되고 싶다고 말하거나 루스에게 사랑을 고백하며 기혼자인 그가 왜 자신을 선택해야 하는지 끊임없이 설득하려 들어 그를 당황스럽게 만들었다.

기술은 그것을 통한 인간의 경험이 전제되지 않는 한 존재 의의를 잃는다. 인간의 경험은 단순히 기술이 주는 효용뿐만 아니라 사회 · 문화적 요인과의 상호작용 속에서 결정되는 복합적 요소다. 팬데믹 기간 내내 다양한 분야의 이목을 모았던 메타버스(metaverse)는 엔데믹에 접어든 후 설 자리를 잃고 부침을 겪고 있다. 기술적 기반도 성숙하지 못했지만, 무엇보다 사회 · 문화적인 맥락을 획득하지 못한 것이 크다. 미국의 PR 기업 CEO이자 문화 칼럼니스트인 에드 지트론(Ed Zitron)은 2023년, "메타버스의 명복을 빈다(RIP Metaverse)"라는 칼럼을 통해 팬데믹 기간 동안 방향을 잃고 달아오른 메타버스를 둘러싼 이런저런 논의가 메타버스를 트렌드로 소모하게 만들었음을 비판하기도 했다.

비대면 채널이 필요한 시기에 공간적 의미를 갖던 메타버스가 그 이후 지속 가능한 동력을 잃은 것과 달리,

챗GPT를 중심으로 부상한 생성형 AI는 유료화에 성공했다. 텍스트, 이미지, 동영상 등 다양한 콘텐츠 양식에 대한 접근이 가능한 생성형 AI는 주요 플랫폼과 결합하며 빠르게 사회 · 문화 전반에 영향을 미치고 있다. 컴퓨터와 인터넷의 등장과 함께 포문을 연 디지털 패러다임은 스마트폰을 필두로 한 모바일 미디어를 거쳐 AI로의 국면 전환이 일어나고 있는 듯 보인다. AI는 기술과 산업, 문화와 사회 전반에 영향을 미치는 메타적 기술이자 하나의 패러다임이 될 수 있을 것인가.

이 질문은 AI가 동반하는 효용은 물론, AI가 사회 · 문화적인 맥락을 획득했는가에 관해 묻고 있기도 하다. 우리는 얼마나 AI를 이해하고 있을까. 막연히 AI가 가져올 세상을 기대하거나 불안해하고 있지는 않은가. AI가 가지고 온 혹은 가지고 올 변화를 두고 기대와 불안감이 교차하는 시점이다. 불안감의 기저에는 AI는 스스로 생각할 수 있는가 혹은 AI는 인간을 대체할 것인가와 같은 질문이 자리 잡고 있다. 막연하게 '안드로이드의 장난'을 상상하며 불안에 영혼을 잠식당하지 않기 위해서는 AI를 이해하는 것이 필요하다. 그리고 AI를 이해하는 과정에서 게임은 더없이 유의미한 진입점이다.

규칙에 대한 인간과 AI의 태도

인간의 문화가 놀이를 기반으로 탄생했다고 말한 역사가이자 철학자 요한 하위징아(Johan Huizinga)는 놀이를 실제 삶에서 벗어나 일시적 활동의 영역으로 들어가는 행위라 규정했다. 그가 제시한 마법원(magic circle)이라는 메타포는 이러한 놀이의 특성을 잘 드러낸다.

게임이라는 마법원과 일상을 구분 짓는 경계에는 규칙(rule)이 있다. 게임학자(ludologist)들은 규칙에 기반한 시뮬레이션(simulation)을 게임의 본질로 규정한다. 게임은 인간과 인간의 삶이라는 복잡다단하고 불확정적인 것을 유형화하고, 규칙을 통해 이를 시뮬레이션한다.

참가자들이 규칙에 자발적으로 복종할 때 게임이라는 마법원은 성립한다. 그러나 곰곰이 생각해 보면 게임의 규칙이란 그리 합리적이지 않다. 게임의 규칙은 플레이어가 목표 달성을 위해 고군분투하는 행위를 '잘' 방해할수록 유의미해진다. 매력적인 악당이 등장할수록 이야기가 흥미진진해지듯이 매력적인 규칙은 게임 플레이에 즐거움을 더한다. 철학자 버나드 슈츠(Bernard Suits)는 게임의 참가자가 게임이 주는 즐거움을 얻기 위해 규칙의 제약 사항을 기꺼이 수용하려는 태도를 '게임을 하려는 태도, 유희적 태도(lusory attitude)'라고 말한다. 게임을 플레이한다는 것은 게임의 규칙을 신뢰하고 그렇기에 시간과 노력을 투자하는 믿음의 행동이다. 인간은 게임에서 즐거움을 얻기 위해 게임의 규칙을 수용하는 것이다.

목표 달성의 과정에서 제약으로 작동하는 규칙을 자발적으로 수용하는 행위 자체는 비합리적으로 보일지도 모른다. 하지만 규칙이 일단 작동하기 시작하고 플레이어가 이를 수용한다면, 게임이라는 마법원 안에서 규칙은 합리적 판단과 예측 가능성의 근거가 된다. 게임의 규칙이 흥미로운 것은 규칙을 기반으로 예측과 판단이 필요한 상황이 지속해서 상승적으로 이어질 수 있기 때문이다. 승리와 패배라는 수량화 가능한 결과를 통해 참가자가 얼마나 규칙을 잘 이해하고 그것을 전략적으로 활용하는지 평가하는 것도 가능하다. 체스와 바둑을 시작으로 게임이 AI 발전에서 중요한 연구와 실험의 장이 된 것은 우연이 아니다.

AI 연구의 시작은 지능이 있다고 생각하게 만드는 기계를 만드는 것이었다. 컴퓨터의 등장으로 인간은 규칙을 통해 인간의 복잡한 사고를 어느 정도 구현하고 전달할 수 있게 되었다. 초기의 인공지능은 입력된 논리와 규칙을 기반으로 결과를 출력하는 형태였다. 그러나 현실 세계의 문제는 명확히 정의할 수 없는 추상적이고 모호한 경우가 많을뿐더러 세상의 모든 지식을 AI에게 입력할 수도 없었다. 이후 인공신경망 개념이 등장했고, 하드웨어가 발전하면서 고도의 컴퓨팅이 가능해졌다. 또한 인터넷이 등장하면서 기계학습을 통해 학습할 수 있는 방대한 데이터 확보는 물론 텍스트와 숫자를 넘어 이미지와 음성에 이르기까지 가용 가능한 데이터의 범주가 확장되었다. 현재 AI는 다층적 신경망을 이용한 딥러닝을 통해 스스로 학습할 수 있는 단계에 이르렀다. 이 과정에서 게임은 AI를 훈련하고 그 성과를 증명할 수 있는 중요한 무대가 되었다.

1951년, 앨런 튜링(Alan M. Tuting)이 만든 체커 프로그램에서 알 수 있듯이 게임에서 AI의 역할은 게임에 참여하는 자, 플레이어가 시작이었다. 이러한 시도는 게임을 위한 AI를 만들려 한 것이 아니라 AI 연구와 개발을 위해 게임을 이용하는 것이었다. AI는 규칙을 통해서 게임을 이해하고 학습한다. 규칙을 통해 경우의 수를 도출하고 알고리즘을 기반으로 최적의 전략을 실행한다. 무엇보다 AI는 이 과정을 빠르게 무한 반복할 수 있다.

게임 디자이너 라프 코스터(Raph Koster)는 게임의 재미는 게임을 '꿰는(grok)' 것에서 오고, 꿰기 위해서는 이해가 필요하다고 말했다. 게임에서 학습은 과몰입을 유발하는 즐거움의 원천이라는 것이다. 게임은 게임이 재현하는 현실의 작동 방식을 가르쳐 주고, 자신과 타인의 행동을 이해하는 법, 상상하는 법을 가르쳐 주는 선생님이다. 심지어 그 학습의 과정이 즐겁고 자발적이기에 기본적으로 모든 게임은 에듀테인먼트(edutatinment)다. 〈호두잉글리시〉나 〈마법천자문〉처럼 직접적으로 학습과 게임의 결합을 시도한 교육용 게임까지 가지 않더라도 게임의 본질은 에듀테인먼트라는 것이다. 게임의 플레이어가 즐거움을 얻기 위해 자발적으로 수행하는 학습의 행위는 AI에게도 인식과 파단을 위한 핵심적인 행위다. 다만 AI는 즐기지 않을 뿐이다.

게임을 즐기려는 태도를 제외하고 AI 플레이어가 게임을 플레이하는 과정과 결과는 인간 플레이어의 그것과 동일하다. AI가 게임을 플레이할 수 있다는 것은 지치지 않는 적수, 끊임없이 최적의 전략을 고민하는 만만치 않은 상대 플레이어를 얻었다는 것을 의미한다. 게임이 AI 발전을 위한 환경과 기반을 제공했다면, AI와의 만남에서 게임 또한 유의미한 성과를 얻었다. AI는 게임에서 플레이어의 상호작용을 풍부하고 다채롭게 만드는 중요한 요소로 작용한다.

AI를 위한 게임, 게임을 위한 AI

국내에서 콘텐츠(contents)라는 단어는 내용물을 의미하는 콘텐트(content)의 복수형을 넘어 내용물을 담는 그릇이자 재료인 미디어와 기술, 내용물을 유통하는 환경과 방식으로서의 산업을 포괄하는 복합적인 개념으로 통용된다. 그렇기에 콘텐츠와 콘텐츠 산업은 내용을 전달하는 방식에 영향을 미치는 미디어와 기술의 변화에 기민하게 반응한다.

소설이나 만화와 같은 인쇄 미디어에서 영화나 드라마와 같은 영상 미디어로, 디지털 미디어의 등장과 함께 부상한 게임에 이르기까지 새로운 미디어의 등장과 발전의 주기는 점점 짧아지고 있다. 더불어 컴퓨터와 인터넷, 모바일 플랫폼과 같은 뉴미디어 환경에서 기존 미디어들이 디지털의 논리로 시뮬레이션되며 웹툰이나 숏폼과 같은 새로운 미디어 종이 탄생하고 있다. 그런 의미에서 새로운 기술인 생성형 AI의 등장이 콘텐츠 산업을 뜨겁게 달구고 있는 것은 필연적인 수순이다.

한편 게임과 AI의 관계는 다른 콘텐츠들과 같으면서도 다르다. 메타 미디어인 컴퓨터를 모태로 한 게임은 소설, 만화와 같은 문자 미디어뿐만 아니라 영화, 애니메이션과 같은 영상 미디어까지 시뮬레이션한다(이진 외, 2022). 텍스트와 이미지, 동영상을 아우르는 복합 양식을 코드와 결합한 게임은 콘텐츠 창작 과정에서 다른 콘텐츠들과 마찬가지로 생성형 AI의 등장에 크고 작은 영향을 받고 있으며, 앞으로도 많은 변화가 예상된다. 그러나 영상이나 웹툰과 같이 창작자가 만든 것을 일방향적으로 소비하는 선형적 콘텐츠와 달리, 게임에서 나타나는 그 변화의 양상은 좀 더 복합적이다.

인터랙티브 미디어로서 게임은 플레이어에 의해 완성되는 비선형적인 콘텐츠다. 영화나 웹툰과 같은 선형적 미디어에서는 생성형 AI에 의해 제작 과정이 자동화 · 효율화되는 등의 변화가 나타나고 있지만, 독자나 관객의 콘텐츠 경험 자체가 변하지는 않는다. 하지만 게임의 경우, 제작 과정의 자동화나 효율화와 더불어 플레이어의 게임 경험에도 변화가 나타날 수 있다. 일례로 생성형 AI를 통해 플레이어의 플레이 데이터를 실시간으로 수집 · 분석하고 이를 반영해 플레이어에게 최적화된 게임 내 요소들을 생성할 수 있다. 이전에 장르적 특성이나 임의성에 기대었던 절차적 콘텐츠 생성(procedural content generation)이 생성형 AI를 통해 개인화라는 방향으로 발전해 가고 있다. 게임의 창작을 둘러싼 다양한 주체들이 맞이하게 될 변화부터 플레이어들의 경험에 나타나는 변화에 이르기까지 생성형 AI의 부상이 게임에 미치는 영향은 그야말로 안팎에서 복잡다단하게 나타나고 있다.

NYU의 컴퓨터공학과 교수이자 게임 이노베이션 랩의 공동 디렉터인 줄리안 토겔리우스(Julian Togelius)는 자신의 저서에서 게임은 AI의 미래고 AI는 게임의 미래라고 말한 바 있다. 게임 디자인의 본질이 인간의 인지능력과 데이터 가용성을 테스트하는 것이기 때문에 게임은 AI를 테스트하고 성장시킬수 있는 최고의 테스트베드이며, 게임에서 AI는 잘 만들어진 플레이 에이전트를 넘어 모든 면에서 강화된 게임 경험을 만들 수 있는 방법론이라는 것이 그 주장의 요지다.

게임은 인간과 세계를 시뮬레이션하는 것을 지향하고, AI는 인간처럼 사고하고 판단하는 것을 지향한다. 인간을 매개로 게임과 AI는 상호 구성적인 관계를 형성해 왔다. 바로 이러한 관점을 토대로 이 책은 게임과 AI를 둘러싼 변화를 관계적인 관점으로 바라보고자 한다. 게임과 AI의 관계를 양방향으로 살피면서 게임의 다양한 요소들의 의미와 양상들을 짚어 본다. 또한 생성형 AI의 부상과 함께 게임을 둘러싼 주체들이 마주하게 될 변화와 쟁점 또한 함께 살펴본다.

먼저, AI를 위한 게임의 측면이다. AI와의 연결성 속에서 게임의 정의와 게임 AI의 의미, 게임 AI의 통시적 변화를 살핀다. 다음은 게임을 위한 AI의 측면이다. 게임의 주요 키워드인 캐릭터, 공간, 스토리의 특성을 게임 AI와의 연결성 속에서 살피고, 변화의 흐름과 양상들을 짚어 본다. 마지막으로 게임을 둘러싼 창작과 향유의 주체들이 당면한 다양한 이슈들을 살펴본다. 생성형 AI는 게임 창작의 파이프라인에 영향을 미치고 있지만, 주체에 따라 직면하게 되는 이슈가 비슷한 듯 다를 수 있다. 크고 작은 규모의 기업 주체와 함께 기획자 · 디자이너 · 개발자 · PM 등 다양한 직군의 종사자들, 플레이어에 이르기까지 게임의 창작과 향유, 콘텐츠와 산업을 관통하는 AI가 가져온 변화를 가늠해 본다.

이 책이 게임을 통해 AI를 이해하고, AI를 통해 게임을 이해할 수 있는 여정이 되기를 기대한다.

참고문헌

디스이즈게임 네이버 포스트(2023.05.12.). "메타버스의 명복을 빕니다"…무슨 얘기?, https://post.naver.com/viewer/postView.naver?volumeNo=35926540

서성은 외(2023). 게임 IP 활용에 대한 미디어 산업 종사자들의 인식

연구. ≪인문콘텐츠≫, 제60호, 55-87.
이진 외(2022). 『스토리텔링 입문』. 컴북스캠퍼스.
Huizinga, J.(1938). *Homo Ludens*. Tjeenk Willink. 김윤수 옮김(1993). 『호모 루덴스』. 도서출판 까치.
Kevin Roose(2023.02.17.). Bing's AI Chat: 'I Want to Be Alive.' *The New York Times*. https://www.nytimes.com/2023/02/16/technology/bing-chatbot-transcript.html
Koster, R.(2004). *Theory of Fun for Game Design*. Paraglyph Press. 안소현 옮김(2005). 『라프 코스터의 재미이론』. 디지털미디어리서치.
Suits, B.(1978). *The Grasshopper: Games, Life and Utopia*. University of Toronto Press. with a new introduced by Thomas Hurka(2005). Broadview Press.
Togelius, J.(2018), *Playing Smart*. The MIT Press. 송지연 옮김(2019). 『재미나는 생각, AI와 게임』. 에이콘출판사.

01
문제 생성과 해결의 루프, 게임

게임과 AI는 다른 콘텐츠와 AI의 관계와 달리, 단순히 활용할 수 있는 기술적 방법론이 아니다. 일반적으로 게임을 정의할 때 자주 등장하는 규칙, 시뮬레이션, 패턴이라는 키워드를 통해 게임과 AI의 교집합을 살펴본다. 문제 생성과 해결의 과정을 통해 인간을 재현하는 게임은 필연적으로 인공지능과 친연성을 가질 수밖에 없다.

AI와 1인 창업?

규칙과 패턴이 주는 즐거움

게임의 정의는 놀이(play)의 개념과 맞닿아 있다. 요한 하위징아(Johan Huizinga)는 그의 저서 『호모 루덴스』에서 인간의 문화는 놀이를 기반으로 탄생했다고 말하며, 놀이가 사회 구조 자체이자 문명의 주된 기초라고 전제했다. 놀이는 자발적이고 자유로운 행위이며, 현실의 삶에서 벗어나 일시적인 활동의 영역으로 들어가는 것이다. 하위징아는 마법원(magic circle)이라는 단어에 이러한 놀이의 특성을 담아낸다. 마법사가 만든 마법원에서는 얼마든지 현실과 동떨어진 일이 일어날 수 있는 것처럼 놀이의 영역에서는 놀이만의 규칙이 통용된다.

게임도 마찬가지다. 게임이 재현하는 세계가 일종의 마법원이라면, 현실 세계와 게임이라는 마법원을 구분 짓는 경계에는 규칙이 있다. 그 마법원에 진입하기 위한 단 하나의 조건은 규칙에 복종하는 것이다. 플레이어는 자발적으로 게임의 규칙에 복종하고 기꺼이 목표 달성의 행위에 가해지는 제약을 받아들인다. 규칙은 게임 세계를 정의하는 요소다. 플레이어가 익혀야 할 패턴이자 그를 방해하는 제약이기도 하다.

게임에서 규칙의 가장 중요한 역할은 패턴, 즉 해결이 필요한 문제를 생성하는 것이다. 플레이어는 규칙의 토대 위에서 게임 세계를 인식하고 패턴을 학습한다. 이후에 목표를 성취하거나 승리를 위한 전략적인 선택을 하게 된다. 이 선택은 다시 새로운 문제의 국면으로 이어지고 플레이어는 다시금 전략적인 선택을 고민하게 된다. 이것이 〈문명(Civilization)〉 시리즈의 개발자인 시드 마이어(Sid Meier)가 "게임은 흥미로운 선택의 연속이다(a game is a series of interesting choices)"라 말한 이유다. 플레이어가 흥미로운 선택을 지속하도록 하는 것이 좋은 게임이며, 흥미로운 선택은 흥미로운 규칙 속에서 만들어진다.

플레이어는 흥미로운 선택을 연속적으로 경험하면서 게임에 재미(fun)를 느끼고 몰입한다. 게임이 가진 강력한 기제인 자발성은 바로 이 재미에서 비롯된다. 플레이어는 누군가 시키지 않아도 스스로 규칙을 익히고 전략을 고민한다. 라프 코스터(Raph Koster)는 인간의 뇌는 패턴 지향성이 있고, 게임은 먹음직스러운 패턴이기에 인간은 게임이 주는 재미에 빠져들 수밖에 없다고 말한다. 게임은 현실 세계에서 인간의 경험을 상징화해서 묘사하고, 플레이어는 반복적인 플레이를 통해 이를 학습하면서 게임이 만들어 내는 확률 공간의 가능성을 맛보게 된다. 게임을 플레이한다는 것은 규칙과 패턴을 학습한다는 것과 동일한 의미이며, 플레이어는 게임에 담긴 먹음직스러운 패턴을 학습하면서 재미를 느낀다.

게임이라는 훈련 환경과 인공지능의 성장

규칙을 매개로 게임과 AI는 떼려야 뗄 수 없는 관계를 갖는다. AI는 인간처럼 학습하고, 인식하고, 판단할 수 있는 기계를 지향한다. 규칙을 기반으로 현상을 인식하든 현상의 학습을 통해 규칙을 인식하든 AI의 작동 기저에는 논리와 패턴, 규칙이 자리 잡고 있다. 이는 초기 AI의 성장과 발전에서 게임이 주 무대가 될 수밖에 없었던 이유다. 바로 게임이 규칙을 기반으로 세계를 재현(representation)하는 미디어이기 때문이다.

영화나 연극과 같은 서사 미디어의 영향력에서 벗어나 게임만의 이론을 정립하고자 했던 대표적인 게임학자(ludologist) 곤살로 프라스카(Gonzalo Frasca)는 게임이 규칙을 통해 메시지를 전달하는 시뮬레이션(simulation)을 구조화한 특정한 양식이라고 말한다. 시뮬레이션은 플레이어의 행동을 통해 유지되는 역동적인 시스템의 모델링이며, 구조화된 특정한 양식이다. 규칙과 패턴이라는 게임의 속성이 플레이어의 선택과 행동에 따라 변화하는 역동적인 모델이라는 속성과 일견 상반된 것처럼 보이지만, 이는 게임을 문제의 생성과 해결이 무한히 지속되는 매력적인 환경으로 만드는 본질적 요소다. 그리고 게임의 이러한 특성은 AI의 학습과 인식, 판단 능력을 훈련할 수 있는 환경으로서 최적의 조건이 된다.

초창기 AI 연구자들은 논리와 규칙을 기반으로 생각하는 기계를 만들고자 했다. 그러므로 AI에게 규칙과 지식을 학습시키고 해결할 수 있는 문제를 제공하는 것은 매우 중요한 문제였다. 그들에게 체스나 장기와 같은 게임은 명확한 규칙과 목표를 기반으로 해결에 고민이 필요한 문제를 끊임없이 제공하는 훌륭한 학습 수단이자 환경이었다.

1996년, IBM은 체스에 특화된 AI 딥블루(Deepblue)를 개발해 인간 챔피언 가리 카스파로프(Gary Kasparov)와의 대결에서 승리를 거두었다. 딥블루는 체스의 규칙을 기반으로 방대한 경우의 수를 인간보다 빠르게 검토하는 방식을 채택했다. 컴퓨터의 시작이 인간이 할 수 없는 복잡한 숫자의 계산을 단시간에 할 수 있는 계산을 수행하는 자라면, AI는 인간보다 빠르고 많은 경우의 수와 게임 전략을 검토할 수 있는 플레이어다.

이후 구글의 딥마인드(Deepmind)는 기계학습을 통해 강화된 AI인 알파고(AlphaGo)를 선보였다. 알파고는 체스보다 훨씬 많은 경우의 수를 가진 바둑에 특화된 AI로 전 세계적인 주목을 받았다. 딥블루와 달리, 알파고는 바둑의 규칙에 기반한 경우의 수와 더불어 인간 바둑 기사들의 다양한 수와 전략들을 함께 학습했다. 규칙을 통해 만들어지는 패턴과 인간 플레이어들의 상호작용 패턴을 동시에 학습하면서 알파고의 플레이 능력은 비약적으로 발전했다.

이후 딥마인드는 알파고를 업데이트하며 전략 시뮬레이션 게임 〈스타크래프트 2(StarCraft 2)〉(2010)에 특화된 알파스타(AlphaStar)를 내놓았다. 체스나 바둑과 같이 플레이어가 정해진 시간 안에서 차례대로 수를 두는 턴제 게임과 달리 실시간 게임인 〈스타크래프트〉는 탐색하고 고려해야 할 경우의 수와 그 복잡도가 기하급수적으로 증가한다. 알파스타는 2019년 인간 플레이어를 상대로 압도적인 승리를 거두었다.

게임이라는 문제 생성과 해결의 루프(loop)는 AI의 성장과 발전을 위한 최적의 훈련 환경을 제공했다. AI는 게임의 규칙을 기반으로 생성되는 다양한 문제들에 관한 경우의 수를 계산하고, 플레이어들이 만들어 낸 문제 해결 전략 데이터들을 학습한다. AI가 인간 플레이어와 다른 점이 있다면 재미를 위해 플레이하지 않는다는 점밖에 없다. 지치지 않는 플레이어로서 AI가 보여 준 패턴의 학습, 인식, 판단은 어느 순간 게임의 플레이 경험을 고도화하고 개선할 수 있는 기능과 요소들을 제공하면서 게임을 위한 AI의 기반을 만들기 시작했다. AI를 연구하고 실험하는 장이었던 게임은 어느새 AI에 영향을 받기 시작한다. 이른바 '게임 AI'는 플레이어가 문제 생성과 해결의 루프인 게임을 더욱 풍부하고 역동적으로 경험할 수 있도록 게임 세계를 재현하는 데 기여하기 시작한 것이다.

참고문헌

Frasca, G.(2001). *The Video Games of the Oppressed.* Master's thesis. Georgia Institute of Technology. 김겸섭 옮김(2008). 『억압받는 사람들을 위한 비디오 게임』. 커뮤니케이션북스.

Huizinga, J.(1938). *Homo Ludens.* Tjeenk Willink. 김윤수 옮김(1993). 『호모 루덴스』. 도서출판 까치.

Koster, R.(2004). *Theory of Fun for Game Design.* Paraglyph Press. 안소현 옮김(2005). 『라프 코스터의 재미이론』. 디지털미디어리서치.

02
재현 기술로서 게임 AI

디지털 기술의 등장은 게임을 미디어로 자리매김하게 했다. 컴퓨터를 통해 물리적 가상 세계를 구현할 수 있게 되었으며, 인터넷의 등장과 함께 다른 플레이어와 게임을 매개로 커뮤니케이션이 가능해졌다. 이 과정에서 게임 AI는 게임과 플레이어의 상호작용을 가시화하고, 플레이어의 몰입을 강화하는 데 핵심적인 역할을 하고 있다.

AI와 MBTI?

디지털로 인한 게임의 변화

컴퓨터와 인터넷의 등장은 정치와 경제, 사회와 문화 전반을 바꾸어 놓았다. 컴퓨터의 등장으로 인해 기계는 복잡한 정보를 전달하고 액션을 수행하면서 인간과 상호작용할 수 있게 되었다. 게임의 규칙과 시뮬레이션적인 특성은 이러한 컴퓨팅 자체이자 이를 테스트하기 위한 유용한 전제다. 컴퓨터를 활용한 최초의 디지털 게임은 연구를 위해 개발되었다.

이후 틱택토(tic-tac-toe)나 체커(checker)와 같은 보드 게임을 컴퓨터 프로그램으로 구현하기 위한 시도가 이루어졌으며, 테니스를 모티프로 한 〈테니스 포 투(Tennis for Two)〉(1958)와 같은 게임이 등장했다. 이후 1972년, 아타리사가 내놓은 〈퐁(Pong)〉(1972)은 최초로 상업적 성공을 거둔 디지털 게임이다.

초기의 디지털 게임은 플레이어의 선택, 즉 입력의 결과를 시각적으로 출력하는 것에 성공했으나 그래픽 기술의 한계로 추상적인 형태가 대부분이었다. 〈퐁〉에서 플레이어는 직선의 바(bar)로, 플레이어를 오가는 공은 작은 도트로 재현되었으며, 〈우주전쟁(Space War)〉(1962) 또한 검은 화면에 반짝이는 도트가 우주 공간을 가로지르는 미사일로 묘사된다. 지금과 비교하면 조악

한 그래픽이지만, 디지털 기술을 만나 게임은 뉴미디어의 총아이자 유망한 산업으로 발전할 수 있는 기반을 얻었다.

좀 더 구체적으로 디지털이 게임에 가져온 변화를 알아보자. 게임 디자이너이자 연구자인 케이티 살렌(Katie Salen)과 에릭 짐머맨(Eric Zimmerman)은 디지털로 인해 가능해진 혹은 강화된 게임의 특성을 다음과 같이 제시한다.

먼저, 플레이어의 선택에 대한 게임상의 반응과 결과를 보여 주는 상호작용이 매우 즉각적으로 나타날 수 있게 되었다. 플레이어의 선택에 따른 결과를 컴퓨터 화면의 시청각 정보를 통해 즉각적으로 출력할 수 있게 되면서 플레이어는 자신이 게임 세계에 참여하고 있다는 감각을 더욱 강렬하게 경험할 수 있게 된 것이다.

둘째로 게임 정보의 선택적이고 점진적인 습득이 가능해졌다. 이는 첫째 특성과 마찬가지로 게임이 컴퓨터에서 작동하는 프로그램된 소프트웨어가 되면서 가능해진 것이다. 영화나 드라마와 같이 시청자가 일방향적으로 내용을 전달받는 것이 아니라, 플레이어의 선택과 행위에 따라 선택적이고 점진적인 상호작용이 가능해진 것이다. 인터랙티브 미디어로서 게임이 제공하는 몰입적 경험은 단순히 시청각적인 정보에만 기인하는 것이 아니라 상호작용을 통해 플레이어가 자신이 게임 세계를 통제 혹은 참여하고 있다는 감각에 기반한다.

다음은 게임 시스템의 자동화다. 레프 마노비치(Lev Manovich)는 모든 것을 숫자로 표현할 수 있는 수적 재현과 모듈성이라는 디지털의 속성이 미디어를 만들고, 조작하고, 접근하는 등 많은 오퍼레이션들을 자동화했다고 말한다. 게임도 마찬가지다. 플레이어의 입력에 따른 출력을 자동화한 것은 물론 캐릭터의 이동, 오브젝트의 상태 변화, 다른 플레이어와의 매칭 등 다양한 것들이 자동화되었다. 특히 캐릭터의 이동에 관여하는 내비게이션 기능과 플레이어의 상태를 즉각적으로 알 수 있는 인터페이스가 도입되면서 플레이 경험을 개선하고 있다.

이러한 자동화의 극단을 보여 주는 것이 모바일 게임의 자동 전투 시스템이다. 화면이 작은 스마트폰의 특성상 모바일 게임은 PC 게임과 같은 복잡한 조작이 쉽지 않다. 특히 롤플레잉 게임(Role Playing Game, RPG)과 같이 상대적으로 정교한 조작이 필요한 게임은 스마트폰에서 플레이하기 쉽지 않다. 이를 상쇄하기 위해 모바일 RPG에서는 자동 전투 혹은 자동 사냥 시스템이 도입되었다. 플레이어가 전투 타깃을 선택하면 전투 과정 자체는 자동으로 진행된다. '하는 게임'에서 '보는 게임'으로의 변화라는 지적과 함께 비판적인 시선도 존재했으나, 현재는 모바일 RPG의 장르적 특징으로 자리 잡았다.

마지막으로 플레이어 간 커뮤니케이션이다. 디지털 미디어를 통해 시간과 공간의 제약을 넘어 원거리 커뮤니케이션이 가능해졌다. 온라인 게임 플랫폼의 등장과 함께 다른 플레이어와 대결하고 협력하는 PVP(Player versus Player)와 같은 멀티 플레이어 모드가 가능해졌고, 길드(guild), 클랜(clan), 커뮤니티와 같은 플레이어 커뮤니티가 필수적인 요소로 자리 잡았다. 이를 통해 게임이 구현하는 세계는 사회적 속성을 띤 가상 세계로 거듭나게 된다.

재현 기술로서 게임 AI

디지털을 통해 나타난 게임의 변화는 상호작용 방식과 그 결과의 변화로 요약할 수 있다. 디지털 기술을 통해 게임은 인터랙티브 미디어로서 지위를 본격적으로 얻게 되었다. 아날로그 패러다임에서 전통적인 놀이의 목적이 공동체의 안녕과 구성원의 친교를 도모하는 것이었다면, 디지털 패러다임에서 게임은 경쟁과 도전, 성취를 통한 개인의 만족과 즐거움, 즉 몰입을 지향한다. 플레이어가 게임을 플레이하는 단 하나의 이유를 꼽자면 재미있기 때문이다.

인터랙티브 미디어로서 게임은 소설, 연극, 영화 등의 일방향적인 미디어와 차별화된 재미와 강렬한 몰입을 선사한다. 과몰입과 관련된 이슈 또한 게임의 상호작용적 경험이 주는 강렬함에 기인한다. 소설이나 영화에서 3인칭의 관점으로 독자나 관객이 주인공이 겪은 일에 감정을 이입한다면, 게임에서 플레이어는 1인칭의 관점으로 게임 캐릭터에 몰입한다.

이야기 속 캐릭터에 대한 몰입은 프로타고니스트와 안타고니스트의 갈등, 플롯과 모티프와 같은 문화적 층위(cultural layer)의 문제였으나, 게임에서 캐릭터에 대한 몰입은 단순히 극적 요소(dramatic element)만의 문제가 아니다. 몰입감 높은 게임 세계와 캐릭터를 만들기 위해서는 컴퓨터 층위(computer layer)의 요소들이 뒷받침되어야 한다. 디지털 미디어 환경에서 사용자는 자신의 행위에 대한 유의미한 피드백을 통해 통제감과 몰입감을 느낀다.

컴퓨터 층위에서 플레이어와 게임 간의 상호작용을 돕고 몰입감을 높이는 데 기여한 것이 게임 AI다. 플레이어는 만만치 않은 상대와 대결하거나 게임 속 NPC(Non

Player Character)와 자연스럽게 대화를 하고, 자신의 선택에 따라 변화하는 게임 세계를 마주하면서 몰입감을 느낀다. 이를 가능하게 하는 것이 게임 AI다. 그런 의미에서 게임 AI는 게임 기획자의 의도를 표현하고 메시지를 전달하기 위한 효과적인 재현 기술이라고 할 수 있다.

게임에 대한 정의를 두고 서사학자(narratologist)와 게임학자(ludologist)가 논쟁을 벌인 적이 있다. 서사학자는 게임을 소설, 영화의 뒤를 잇는 재현(representation)의 예술로 규정했고, 게임학자는 이를 부정하며 게임의 본질을 시뮬레이션(simulation)이라 주장했다. 그러나 자세히 들여다보면 두 입장의 간극은 그리 크지 않다. 시뮬레이션 또한 인간과 세계를 재현하는 게임적인 방법론이다. 재현을 광의의 측면에서 해석한다면 게임 또한 소설이나 영화와 같은 다른 스토리텔링 미디어와 마찬가지로 시뮬레이션을 통해 인간과 삶을 드러내는 재현의 예술이다. 게임이 재현하는 세계가 〈리니지〉(1998)와 같은 중세 판타지 세계관이든 〈디트로이트: 비컴 휴먼(Detroit Become Human)〉(2018)과 같은 SF 세계관이든 간에 게임이 시뮬레이션하는 것은 인간과 사회이며, 플레이어 또한 해당 게임이 마치 현실의 일인 것처럼 몰입한다.

인간과 세계를 재현하는 게임의 본질은 인간의 지능과 사고를 모방하고자 하는 AI의 본질과 닮아 있다. 암호해독을 위해 컴퓨터의 모체가 된 튜링 머신을 고안한 앨런 튜링은 기계의 지능 여부를 판별하기 위해 튜링 테스트를 제안했다. AI 연구 초기, AI 연구의 성공 여부를 판단하는 중요한 기준점을 제시했던 튜링 테스트는 테스터가 자신과 대화를 하는 상대방이 사람인지 AI인지 구분할 수 있는지에 따라 판가름 난다. 테스터가 대화 상대인 AI를 인간이라고 판단하면, 해당 AI를 성공적인 AI로 인정하는 식이다. 게임 AI의 목적 또한 플레이어와 상호작용하는 캐릭터와 오브젝트, 환경이 마치 실제로 존재하는 것과 같이 느끼도록 유의미한 피드백을 하도록 만드는 것이다.

제시 셸(Jesse Schell)은 게임을 구성하는 기본 요소를 가시적 요소와 비가시적 요소로 나눈다. 그래픽과 같은 미적 요소가 한눈에 인지할 수 있는 가시적 요소라면 코드와 프로그래밍으로 구성되는 컴퓨터 층위는 비가시적 요소다. 그 중간 즈음 메커닉스와 스토리가 있다. 유의미한 플레이 경험은 네 가지 요소의 유기적인 결합을 통해 만들어진다. 비가시적 요소인 기술에 해당하는 게임 AI는 게임의 심층에서 플레이어가 몰입할 수 있는 마치

'진짜 같은' 세계를 구축하는 재현 기술로서 기능한다.

참고문헌

Manovich, L.(2001). *The Language of New Media*. The MIT Press. 서정신 옮김(2004). 『뉴미디어의 언어』. 생각의나무.

Salen, K. & Zimmerman, E.(2003). *Rules of Play: Game Design Fundamentals*. The MIT Press. 윤형섭·권용만 옮김(2010). 『게임디자인원론1』. 지코사이언스.

Schell, J.(2008). *The art of game design : a book of lenses*. Morgan Kaufmann Publishers. 전유택·이형민 옮김(2010). 『THE ART OF GAME DESIGN』. 에이콘출판사.

03
게임 AI의 역사

게임 AI의 역사는 AI를 위한 게임에서 게임을 위한 AI로의 변화로 압축할 수 있다. AI 연구와 개발을 위한 테스트베드로 시작했던 초기의 게임 AI는 플레이어에게 유의미한 피드백을 제공하고, 게임 전반을 관리하는 메타적 형태로 발전했다. 게임 AI 발전의 중심에는 플레이어, 즉 인간이 있다. 플레이어에게 유의미한 경험을 제공하기 위한 게임 AI의 변화는 현재 진행형이다.

AI와 난임 극복?

플레이어가 된 AI

게임 AI는 AI보다 작은 범주다. AI라는 기술의 발전 과정에서 게임에 필요한 것들이 부분적으로 적용되었을 것으로 짐작하는 것이 자연스럽다. 그러나 게임과 AI의 관계는 상호 영향을 주고받으며 성장을 거듭한 상호 구성적 관계에 가깝다.

지능을 가진 기계를 만들고자 했던 초기의 연구자들은 기계가 복잡한 상황을 빠르게 인식하고 효율적인 판단을 내릴 수 있도록 만들기 위해 노력했다. 게임은 이러한 시도가 효율적으로 이루어질 수 있도록 만드는 훌륭한 테스트베드(testbed)였다. 체스나 장기와 같은 보드게임은 게임의 참가자가 규칙을 학습하고, 상황을 인식하며, 전략적인 판단을 내려야 하는 문제적 상황을 제공하는 것은 물론, 플레이가 진행되는 과정에서 끊임없이 새로운 문제적 상황들이 펼쳐진다. 무엇보다 훌륭한 것은, 불명확하고 복합적인 현실 세계의 문제와 달리 게임이 만들어 내는 가상 세계의 문제는 명확히 정의할 수 있으며 통제 가능하다는 점이다.

초기 게임 AI의 목적은 이러한 환경에서 AI가 인간처럼 게임을 플레이할 수 있도록 하는 것이었다. 인간처럼 게임을 플레이할 수 있다면 지능이 있다는 판단을 내릴 수 있을 것이라는 전제다. 엄밀히 말해 게임을 위해 만들어진 AI는 아니었지만, 초기의 게임 AI는 인간 플레이어에게 승리하기 위한 AI 플레이어를 만들어 내는 것이 목표였다. 체스 게임을 시작으로 판의 흐름을 읽고, 상대 플레이어의 움직임을 예측하고, 다음 수를 계획하는 플레이어로서 게임 AI가 등장했다.

AI 플레이어가 체스를 두는 방식은 최적의 선택지를 찾는 일종의 알고리즘이다. 1948년, 앨런 튜링이 만든 게임 〈체스(Chess)〉(1948)에 이러한 알고리즘이 적용되었다. 미니맥스(minimax) 알고라즘으로 불리는 이 알고리즘은 현재 보드 상태와 수를 기반으로 플레이어가 취할 수 있는 모든 수를 계산하고, 그중 최적의 수를 선택하는 것이다.

여기서 최적의 수는 가장 큰 값을 얻을 수 있는 수를 의미하는 것이 아니다. 가장 큰 값을 얻을 수 있는 맥스(max) 부분, 즉 자신에게 가장 유리한 수와 이에 대해 상대방이 대응할 수 있는 수 중 자신에게 가장 나쁜 수, 미니(mini) 부분을 동시에 시뮬레이션하며 최적의 전략을 탐색하는 알고리즘이다. 상대방의 수까지 고려한 모든 경우의 수가 사실상 무한에 가깝기에 미니맥스 알고리즘은 당시 컴퓨터 성능이 뒷받침되는 범주 내에서만 작동했다. 미니맥스 알고리즘은 트리서치(tree-search) 알고리즘이라 불리기도 했는데, 최적의 수를 찾는 상태가 마치 나뭇가지가 뻗어 나가며 분기를 만드는 것과 유사해서다. 미니맥스 알고리즘이 AI를 체스 플레이어로 만드는 데 성공한 후, 게임 AI는 체스보다 좀 더 난이도가 높은 바둑에 도전했다. 그러나 체스보다 경우의 수가 훨씬 많은 바둑에서 전략적인 플레이를 하기에 미니맥스 알고리즘은 역부족이었다.

이후 답보 상태를 보이던 AI 바둑 플레이어는 몬테 카를로 트리 검색(monte carlo tree search, MCTS) 알고리즘이 등장하면서 성과를 내기 시작했다. MCTS는 미니맥스 알고리즘과 달리 모든 경우의 수를 탐색하기보다는 몇몇 수에 초점을 두고 심층적인 시뮬레이션을 수행하는 방식이었으며, 여기에 기계학습이 더해지면서 딥마인드의 알파고가 인간 플레이어에게 승리하는 성과를 거두었다(Yin et al., 2023).

플레이어로서 게임 AI가 보드게임에서 거둔 성과도 잠시, AI 플레이어는 곧 한계에 부딪히고 만다. 일반적으로 인간은 한두 가지 게임을 플레이할 수 있다면 특별한 훈련을 거치지 않아도 다양한 게임을 플레이할 수 있는 게임 리터러시를 획득한다. 하지만 AI 플레이어는 훈련된 게임만을 플레이할 수 있다. 즉, 알파고가 바둑에서 인간을 이겼다고 해서 액션 게임이나 롤플레잉 게임을 플레이할 수 없다는 이야기다. 알파고를 바탕으로 〈스타크래프트〉와 같은 전략 시뮬레이션 게임을 플레이하는 알파스타를 개발한 것은 사실이지만, 알파스타 또한 인간과 같은 의미의 범용적인 게임 리터러시를 가지는 것은 아니다. 그러나 AI 연구의 관점에서 이와 같은 AI 플레이어의 한계는 게임을 위한 AI의 측면에서는 플레이어의 유의미한 상호작용 경험을 위한 발판을 마련할 수 있는 계기가 되었다. 이제는 게임 창작자들이 AI에 관심을 드러내기 시작한 것이다.

플레이어에 반응하는 AI

초기 게임 AI는 명확히 구분되는 독립적인 요소가 아니라 여기저기 흩어진 코드에 가까웠다(三宅陽一郎, 2021). AI가 적용된 게임 내 요소들은 게임 내에서 자율적으로 행동하거나 상태가 변화하기보다는 정해진 매뉴얼에 따라 준비된 행동을 반사적으로 수행하는 것에 가까웠던 것이다. 그럼에도 불구하고 게임 AI는 플레이어의 선택에 유의미한 피드백을 제공하고, 자동적으로 플레이어 캐릭터를 공격하거나 추적하는 등 풍성한 상호작용 경험이 가능하도록 한다. 이는 플레이어가 규칙 기반의 패턴을 인지하고, 전략을 학습하면서 게임 세계에 몰입하도록 하는 데 큰 역할을 했다.

가장 일반적으로 활용된 게임 AI는 유한 상태 기계(finite state machine, FSM) 모델이다. FSM은 말 그대로 특정한 상태들이 일정한 조건에 따라 지속적으로 전환되면서 작동하는 기계다. 외부 상황과 조건에 따라 공격, 추적, 배회, 스폰 등 캐릭터의 현재 상태를 나타내는 액션이 다르게 출력된다. 기본적으로 조건에 따른 결과라는 간단한 공식인 FSM은 복잡한 모델이 아니었기에 다양한 게임에서 응용과 확장이 가능했으므로 가장 널리 사용되는 모델이 되었다(Millington & Funge, 2009). 기존 게임보다 전략적으로 플레이어 캐릭터에 반응하는 〈팩맨(Pac-Man)〉(1980)의 유령 캐릭터는 FSM이 적용된 예다. 유령 캐릭터는 추적(Chase), 스캐터(Scatter), 프라이턴드(Frightende), 등장의 상태를 가지고 있으며, 전환 조건에 따라 액션 모드를 전환한다. 플레이어는 게임을 플레이하면서 유령의 움직임에 대한 패턴을 인지하고 이를 활용해 전략적인 플레이를 고민하면서 게임에 몰입한다.

게임 진행 국면의 변화는 캐릭터와 오브젝트의 상태

변화를 통해 가장 쉽게 인지할 수 있다. 이러한 상태 변화를 직관적으로 보여 주는 행위가 공간의 이동이다. FSM 모델을 기반으로 효율적인 경로 탐색이 가능한 A* 알고리즘이 함께 사용되면서 게임 속 캐릭터는 마치 자신의 의지를 가지고 움직이는 것처럼 보이는 단계까지 나아간다. A* 알고리즘은 시작 시점부터 목표 지점까지 움직이며 장애물을 피해 최단 경로를 찾아내는 데 최적화된 탐색 알고리즘이다(伊藤毅志 외, 2018).

이 시기가 본격적으로 게임을 위한 AI, 게임 AI라 부를 수 있을 만한 것들이 정립되기 시작한 시기다. 플레이어와의 유의미한 상호작용을 핵심으로 하는 본격적인 인터랙티브 미디어로서 디지털 게임의 정체성이 정립된 시기라고도 볼 수 있다. 그러나 이 시기의 게임 AI는 게임의 규칙을 기반으로 프로그램된 상태를 단순히 출력하는 것이었기에 마치 현실 세계와 같이 유기적이고 역동적으로 변화하는 가상 세계를 재현하는 것에는 한계가 존재했다.

게임 진행을 감독하는 AI

게임 AI는 플레이어에게 단순 반응하는 형태에서 더욱 복잡한 형태로 발전하기 시작했다. 프로그램된 대로 상태가 변화하는 게임 AI만으로도 그럭저럭 유의미한 상호작용이 가능한 초기 액션 게임을 지나 전략 시뮬레이션, RPG 등 게임의 장르가 다변화되면서, 게임 AI에 새로운 역할이 요구되기 시작했다. 특히 〈둠(DOOM)〉(1993)과 같은 3D 게임의 대중화는 게임 AI가 3D 인터랙티브 공간에 필요한 형태로 그 기능과 요소를 갖출 수 있는 계기가 되었다. 단순히 플레이어의 행동에 반응하는 것을 넘어 게임 진행을 감독하는 게임 AI의 등장이 그것이다.

이후 게임 장르의 다변화와 더불어 게임 플랫폼의 기술적인 발전이 이루어지면서 게임 AI 또한 다변화되기 시작한다. NPC의 행동과 움직임을 통제하는 캐릭터 AI, 내비게이션 기능을 중심으로 공간과 관련된 전반적인 인식과 관리를 수행하는 공간 AI, 캐릭터 및 공간 AI와 상호작용하며 게임 진행과 흐름 전반을 효율적으로 통제하는 메타 AI가 그것이다.

물론 각각의 게임 AI가 모든 게임에 동일한 형태로 적용되는 것은 아니다. 영화, 드라마와 같이 오랜 시간에 걸쳐 제작 과정의 표준화가 이루어진 영상 콘텐츠와 달리 상대적으로 빠르게 산업적 파이를 키운 게임의 경우, 기업이나 개발자에 따라 그야말로 다양한 형태의 게임 AI가 개발되고 활용되어 온 것이다. 언리얼(Unreal)이나 유니티(Unity)와 같이 게임 개발에 필요한 핵심적인 기능과 요소들을 갖춘 게임 엔진의 등장으로 게임 제작에 일정 부분 표준화가 이루어지고 있지만, 게임 제작 과정에 범용적으로 적용되는 게임 AI를 특정하기는 쉽지 않다. 그럼에도 불구하고 캐릭터와 공간, 메타 AI라는 세 가지 범주는 다양한 게임 AI의 양상들을 아우를 수 있다.

2008년 밸브에서 개발한 FPS 게임인 〈레프트 4 데드(Left 4 Dead)〉(2008)에서 디렉터 AI(Director AI)라는 일종의 메타 AI가 도입되면서 게임 진행 전반을 감독하는 게임 AI의 역할이 더욱 주목받았다. 디렉터 AI는 플레이어의 성취도에 따라 난이도를 조절하는 단순한 형태의 작동을 넘어 게임 내 상황을 실시간으로 조율할 수 있다. 플레이어의 상태와 행동을 분석하며 난이도, 아이템 배치, 적 스폰, 나아가 게임 음악까지 조정하며 플레이어의 몰입감을 강화하는 결정적인 역할을 했다.

게임 AI는 인간과 같은 피드백과 행동을 보여 주는 캐릭터, 마치 현실 세계와 같이 자연스러운 환경을 구현함으로써 가시적인 그래픽 요소를 중심으로 논의되어 왔던 게임의 현실감과 몰입감에 관한 기존 논의의 흐름을 바꿔 놓았다 해도 과언이 아니다.

참고문헌

三宅陽一郎.(2021). 戰略ゲームAI解體新書 ストラテジー&シミュレーションゲームから學ぶ最先端アルゴリズム 翔泳社. 안동현 옮김(2022). 『인공지능은 게임을 어떻게 움직이는가?』. 이지스퍼블리싱.

伊藤毅志 외(2018). ゲーム情報概論-ゲームを開拓する人工知能, コロナ社. 김성훈 옮김(2020). 『게임 정보학: 게임을 개척하는 인공지능』. 길벗.

Millington, I. & Funge, J.(2009). *Artificial Intelligence for Games*. Morgan Kaufmann Publishers.

Togelius, J.(2018). *Playing Smart*. The MIT Press. 송지연 옮김(2019). 『재미나는 생각, AI와 게임』. 에이콘출판사.

Yin, Q., et al.(2023). *AI in Human-computer Gaming: Techniques, Challenges and Opportunities*. Machine Intelligence Research. 20, 299-317.

04
캐릭터와 AI

캐릭터는 게임 AI의 발전을 살펴볼 수 있는 바로미터다. 플레이어와 직접적으로 상호작용하는 대상이기에 캐릭터에 어떤 게임 AI를 적용했느냐에 따라 플레이어의 플레이 경험은 드라마틱하게 달라질 수 있다. 가상 세계가 현실 세계를 시뮬레이션한다면, 가상 세계 속 캐릭터가 인간을 모방하는 AI와 밀접한 관련을 갖는 것은 필연적인 일이다. 게임 속 캐릭터가 궁극적으로 지향하는 것은 인간을 시뮬레이션하는 것이다.

AI와 사주?

게임성과 서사성의 교차점

캐릭터는 허구와 현실을 매개하는 교차점이다. 독자와 시청자는 이야기 속 인물에 공감하며 이야기에 몰입한다. 일방향적으로 이야기를 전달하는 소설이나 영화에서 독자와 관객이 3인칭의 관점으로 캐릭터에 감정을 이입하는 것과 달리, 게임에서 플레이어는 주인공이 되어 세계와 마주하고 다른 캐릭터와 상호작용을 경험한다. 플레이어가 세계의 주인공이 되어 직접 문제를 해결해 가는 것이 핵심적인 플레이 경험이라면, 게임에 등장하는 다양한 NPC들은 성취와 경쟁, 수집, 추적 등과 같은 문제의 해결 과정에 맥락과 개연성을 제공하는 중요한 역할을 수행한다.

게임 디자이너 트레이시 풀러턴(Tracy Fullerton)은 게임을 형식적(formal) 요소와 극적(dramatic) 요소로 나눈다. 규칙, 목표, 리소스 등과 같은 형식적 요소들이 플레이어가 게임을 게임이라고 인식하게 만드는 경험을 창조한다면, 캐릭터나 세계 구축과 같은 극적 요소는 플레이어가 그 경험에 감정적으로 반응하고 원하는 결과를 얻으려 노력하게 만드는 요소라는 것이다. 극적 요소는 형식적 요소를 의미 있는 경험으로 바꾸어 게임 플레이에 맥락을 부여한다. 풀러턴은 캐릭터를 극적 요소로 한정하고 있지만, 플레이어 캐릭터를 넘어 NPC까지 그 대상을 확장하면 의미가 달라진다.

플레이어가 캐릭터를 통해 자신을 대리하면서 감정적인 애착을 형성해 가는 것은 그 캐릭터를 둘러싼 상호작용의 맥락 속에서 발생한다. 이때 상호작용의 대상으로 가장 큰 비중을 차지하는 것이 NPC다. 적, 동료 등 다양한 역할을 하는 NPC는 게임 디자이너가 플레이어에게 주고자 하는 게임 경험에 맞는 다양한 역할을 수행한다.

정교하고 사실적인 그래픽과 같은 시각적 요소를 통해 플레이어는 해당 가상 세계에 자신이 실제로 존재하는 것과 같은 현전감을 느낄 수 있다. 하지만 물리적 장소가 만들어 내는 이와 같은 현전감은 지속성의 측면에서 한계를 가진다. 사회적 존재인 플레이어는 가상 세계에서 일상적으로 발생하는 커뮤니케이션을 통해 가상 세계의 구성원이 된 듯한 사회적 현전감을 느끼면서 마치 가상 세계에 존재하는 듯한 감각을 경험하기도 한다. 실제로 MMORPG와 같은 온라인 게임에서 발생하는 다른 플레이어와의 상호작용은 그것이 친교든 갈등이든 해당 게임을 하나의 커뮤니티이자 사회로 인식하도록 만든다. 하지만 다른 플레이어와의 상호작용은 강렬한 만큼 통제가 어렵고 불확실하다. 반면 NPC와의 상호작용은 게임 기획자가 설정한 플레이어 경험 목표와 부합하는 범위 내에서 플레이어를 게임에 몰입시킬 수 있는 통제 가능하고 안정적인 수단이다.

적과 동료, 자원 등 다양한 역할을 수행하는 NPC는 대결, 협동, 추격, 설득 등 해당 게임의 플레이어 경험 목표와 직결되는 게임성을 구현하는 직접적인 요소이자 플레이어의 감정적 경험에 기여하는 서사적 요소다. 이처럼 게임성과 서사성의 교집합에 있는 캐릭터의 행동을 구현하는 것이 게임 AI다. 그렇기에 캐릭터에 적용된 게임 AI의 고도화 정도에 따라 플레이어가 경험하는 상호작용의 풍부함과 스펙트럼이 달라진다.

행동에서 존재로

캐릭터에 적용된 게임 AI는 AI의 발전 양상과 그 맥락을 같이한다. 캐릭터 AI는 특정한 조건에서 정해진 행동을 하는 제한적인 방식을 시작으로, 주어진 목적 내에서 상황을 인식하고 판단하는 유연한 형태까지 발전했다. 간단한 행동의 집합에 불과하던 캐릭터 AI는 더 자율적인 인식, 판단, 행동이 가능해지는 단계에 이르러서는 일종의 가상적 존재에 가까워졌다.

이러한 변화의 흐름은 문학 연구에서 캐릭터를 바라

보는 상이한 관점들을 상기시킨다. 캐릭터를 표현된 서사 텍스트인 기호로 볼 것인지 혹은 실제 인간의 모방인 하나의 존재로 볼 것인지에 대한 관점 차이가 그것이다. 기호학자인 그레마스(A. J. Greimas)는 캐릭터를 비어 있는 행위자(Agent)로 간주하며 그 기능과 행동을 중시한 반면, 시모어 채트먼(Seymour Chatman)은 이야기 속 캐릭터가 단순히 언어로 재현된 텍스트가 아니라 열린 구조물이며 살아 있는 사람이라는 느낌을 줄 수 있어야 한다고 말한다.

할리우드의 시나리오 컨설턴트인 로버트 맥키(Robert S. McKee) 또한 캐릭터와 행동, 캐릭터와 플롯에 관해 흥미로운 주장을 한 바 있다. 맥키는 플롯과 캐릭터가 근본적으로 하나임을 주장하며, 캐릭터의 진실을 알아볼 수 있는 유일한 방법은 어떠한 압력에 직면했을 때 캐릭터가 자신의 욕망을 달성하기 위해 어떤 방식을 선택하는지 지켜보는 것뿐이라고 말한다. 게임에서는 행동과 존재라는 캐릭터를 둘러싼 관점들이 모두 나타난다. 텍스트, 이미지, 음성, 애니메이션 등 캐릭터를 재현할 수 있는 수단이 복합적인 게임에서 캐릭터 AI는 목적에 기반한 행동들의 집합에서 복합적인 하나의 존재로 발전해 왔기 때문이다.

초기 캐릭터 AI는 행동적 측면이 두드러지게 나타났으며, 복잡하지 않은 상태를 기반(state based)으로 작동했다. 정해진 규칙 안에서 간단한 행동을 반복하는 것이다. 이후 〈둠〉(1993)과 같은 액션 게임의 등장과 함께 좀 더 복잡한 스크립트 기반(script based)의 AI를 활용하기 시작했다. 당시 캐릭터 AI가 적용된 NPC는 일정한 경로를 따라 이동하며 플레이어 캐릭터가 시야에 들어오면 이를 인지하고 플레이어 캐릭터를 공격할 수 있었다. 그러나 이는 그야말로 대본에 있는 행동만을 반복하는 것이었기 때문에 플레이어가 일단 해당 패턴에 익숙해지면 단조로운 플레이로 인해 지루함을 느끼기 십상이었다.

이후 의사 결정 트리 기반(decision tree based) 방식이 등장하면서 좀 더 복잡한 상황을 재현할 수 있게 되었다. 캐릭터 AI는 다양한 상황에서 주어진 정보를 토대로 최적화된 반응을 할 수 있도록 분기 구조를 기반으로 작동하며 최종 행동을 출력할 수 있게 된 것이다. 슈팅 게임 〈헤일로: 컴뱃 이볼브드(Halo: Combat Evolved)〉(2001)나 〈파 크라이(Far Cry)〉(2004)에서 NPC는 플레이어의 위치, 공격 패턴 등에 따라 엄폐, 근접 전투 전환, 경보 발령, 협공 시도 등 다양한 행동을 보여 주었으며, 플레이어는 슈팅 장르에서 지향하는 플레이어 경험 목표인 역동적이고 예측 불가능한 전투를 경험할 수 있었다.

이후 AI의 발전과 함께 캐릭터 AI에도 기계학습과 딥러닝이 적용되면서 행동의 집합을 넘어 하나의 가상적 존재로서의 측면이 나타나기 시작한다. 현실 세계보다 한정적이고 정제된 정보를 제공하는 가상 세계에서 게임 캐릭터가 반복적인 학습을 통해 보다 자연스럽고 유의미한 형태의 행동을 출력할 수 있게 된 것이다. 이와 같은 캐릭터 AI가 적용된 NPC는 정해진 스크립트나 분기 구조에 따라 한정적인 행동 패턴을 보이는 캐릭터를 넘어 가상 세계에 축적되는 플레이 데이터를 통해 실시간으로 진화하는 유기체적인 존재에 가깝다.

선형적이고 구조화된 경로를 따라 플레이하는 것을 넘어 플레이어의 자유도를 극대화한 오픈월드 장르에서 캐릭터 AI의 이와 같은 존재로서의 측면은 플레이어의 몰입감을 강화하는 데 결정적인 역할을 한다. 오픈월드 게임인 〈레드 데드 리뎀션 2(Red Dead Redemption 2)〉(2018)에서 NPC들은 일상의 루틴에 따라 행동하며, 플레이어의 행동에 마치 현실의 인간인 것처럼 다채롭고 현실적인 반응을 보였다. 각 NPC들은 설정된 페르소나를 바탕으로 플레이어의 평판, 복장 상태, 타고 있는 말의 상태 등 다양한 정보들을 인식하고 종합적인 판단을 통해 행동한다. 동물이나 인간 등 게임에 등장하는 모든 NPC들은 게임 환경과 상호작용하며 게임 생태계의 일부로서 행동하게 되며, 더불어 평판이나 계층과 같은 사회적 정보 또한 그들의 행동에 영향을 미치는 중요한 척도로 작용하게 된다. 플레이어는 〈레드 데드 리뎀션 2〉을 플레이하며 미국 서부의 무법지대가 막을 내려가는 그 즈음의 갱단이 되어 척박한 땅 어딘가를 헤매는 듯한 감각을 경험할 수 있다.

이와 같은 유기적 캐릭터 AI를 만드는 프레임워크인 에이전트 아키텍처(agent architecture)는 로봇 공학에서 활용되는 개념으로, 게임 세계와 캐릭터가 가진 지능 사이의 관계를 규정한다(伊藤毅志 외, 2018). 에이전트 아키텍처는 가상 세계의 다양한 정보를 수집하는 센서 모듈, 수집된 지식을 바탕으로 지식을 생성하고 의사 결정을 통해 행동을 결정하는 지능 모듈, 직접적으로 물리적인 행동을 출력하는 이펙터 모듈로 구분된다. NPC는 가상 세계에서 자신에게 주어진 역할에 따라 에이전트 아키텍처를 구성하며, 가상 세계와 피드백 루프를 형성한다. 이 과정에서 NPC는 인간의 기억에 해당하는 데이터를 축적하며, 인간이 과거의 기억을 떠올리듯 기존의 플레이 데이터에 기반해 행동한다. 플레이어는 NPC를 단순히 행동을 반복하는 오브젝트가 아니라 하나의 존재로 인식하게 된다.

참고문헌

서성은 외(2023). 『스토리텔링 입문』. 컴북스캠퍼스.

伊藤毅志 외(2018). ゲーム情報概論-ゲームを開拓する人工知能, コロナ社. 김성훈 옮김(2020). 『게임 정보학: 게임을 개척하는 인공지능』. 길벗.

Chatman, S.(1978). *Story and Discourse: Narrtive Structure in Fiction and Film*. Cornell University Press. 한용환 옮김(2003). 『이야기와 담론』. 푸른사상.

Fullerton, T.(2008). *Game design workshop*. Morgan Kaufmann. 최민석 옮김(2012). 『게임 디자인 워크숍』. 위키북스.

McKee, R.(1997). *Story: Substance, Structure, Style, and the Principles of Screenwriting*. IT Books. 고영범 옮김(2000). 『시나리오 어떻게 쓸 것인가』. 민음사.

05
공간과 AI

소설이나 영화가 시간의 예술이라면 게임은 공간의 예술이다. 플레이어는 능동적으로 공간을 탐색하며 다양한 사건을 경험한다. 그렇기에 게임 디자인에서 공간의 구현은 핵심적인 요소다. 게임 AI는 의미 있는 상호작용을 위한 공간의 이동에서 공간의 절차적 생성으로 발전하고 있으며, 이는 유기적으로 변화하는 인간과 세계를 시뮬레이션하는 것이다.

AI와 아이돌?

가능성의 공간

게임에서 공간은 플레이어의 경험을 갈무리하고 있다. 캐릭터와 더불어 공간은 플레이어와 상호작용하는 가시적인 대상이자 환경이다. 공간이 변화하면 플레이어가 경험하는 사건도 변화한다. 물리적이고 연속적인 공간이 아니라 스테이지와 같은 추상적인 공간을 기반으로 하는 캐주얼 게임에서 스테이지의 변화는 플레이 경험의 변화를 의미하며, RPG에서도 던전, 마을, 사냥터 등 공간에 따라 플레이어의 경험이 달라진다.

게임의 공간은 지형이나 오브젝트의 배치를 통해 가시적으로 드러나는 물리적 환경인 동시에 플레이어가 경험하는 사건과 이야기를 잠재적으로 품고 있는 스토리텔링 요소이기도 하다. 이인화는 전통적인 스토리텔링이 이야기 요소들을 종적으로 결합해 시간의 축으로 이어 놓은 것이라면, 게임을 필두로 한 디지털 스토리텔링은 선택 가능한 이야기 요소들을 횡적으로 병렬시켜 공간의 축으로 이어 놓은 것이라 표현한다. 즉, 게임의 공간은 물리적 속성과 경험적 속성을 모두 가지고 있다. 플레이어는 게임에 접속해 물리적인 공간을 인식하고 이동과 탐험이라는 상호작용을 통해 공간을 파악해 나가며, 공간에 잠재해 있는 사건과 경험들을 마주한다.

게임 디자이너이자 연구자인 케이티 살렌과 에릭 짐머맨은 게임을 개발한다는 것은 복잡하고 예측 불가능한 방식으로 전개되는 구조를 만드는 것이라 말한다. 이는 탐색, 이동, 전투 등 플레이어가 게임에 참여해 해당 게임 세계에서 경험할 수 있는 행동들을 게임 공간에 내재화해야 한다는 의미다. 그렇기에 그들은 게임 공간을 '가능성의 공간'이라 칭한다.

게임의 공간은 플레이어가 미래에 겪게 될 플레이 경험을 내재화하기 위해 가능한 행동들의 패턴과 상호작용 정보를 담고 있다. 게임 공간은 메커니즘과 캐릭터, 아이템, 오브젝트와 같은 여러 요소들을 매개하는 지점이자, 이들을 담아내는 하나의 그릇이다. 공간이 소설이나 영화와 같은 선형적 미디어에서 시대 문화적 맥락을 제공하는 배경에 머물렀다면, 게임에서 공간은 정적인 배경을 넘어 실질적인 행동과 사건을 품고 있는 동적인 가능성의 영역이다.

그러나 자세히 들여다보면 게임이 구현하는 공간적 가능성은 가능성(possibility)보다는 개연성(probability)에 가까운 의미를 지닌다. 가능성은 말 그대로 어떤 사건이든 일어날 수 있는 것을 의미하며, 개연성은 일어날 법한 사건이 일어나는 것을 말한다. 게임의 공간에는 게임 디자이너가 계획한 일어날 수 있을 법한 사건과 행동들이 내재화되어 있다. 플레이어는 이를 절차적(procedural)으로 경험하게 되지만, 그 사건과 경험들을 전혀 예상치 못했던 것은 아니다. 이들은 오히려 전통적인 스토리 아크(arc)를 따르고 있다.

〈툼 레이더(Tomb Raider)〉(1996)나 〈언차티드(Uncharted)〉(2007)와 같은 액션 어드벤처 게임에서 플레이어는 공간을 이동하며 새로운 적과 전투를 벌이며 퍼즐을 풀지만, 그것은 이미 예정되었던 경험이다. 한혜원은 플레이어의 선택에 따라 다른 경험으로 이어지는 게임을 비선형적 서사를 경험할 수 있는 미디어라고 말할 수 있지만, 엄밀히 말해 이것은 부분 선형적이라 지적한다. 결국 게임 개발자가 만들어 놓은 범주 내의 선택이자, 플레이어가 선택할 수 있는 경우의 수가 증가하는 것뿐이라는 이야기다. 브렌다 로럴(Brenda Laurel) 또한 게임과 같은 상호작용 형식의 서사는 사용자의 액션에 따라 다양한 상황적 액션을 유발하는 복수의 필연성(necessaries)을 갖는다고 주장했지만, 이 또한 무한한 가능성보다는 개연성에 기반한 복수의 사건이 일어날 수 있는 가능성을 의미하는 것에 가깝다.

초기, 게임 공간에 적용되었던 AI는 플레이어의 경험

들을 잘 갈무리하기 위해 효율적인 이동과 공간 기반 퍼즐과 같은 스크립트 기반 상호작용에 집중했다. 정해진 스크립트 내에서 어떻게 효과적으로 공간을 내비게이션하고 플레이어에게 피드백하게 할 것인가에 초점을 맞춘 것이다. 게임 공간은 다양한 사건이 일어날 수 있는 가능성에 중점을 두기보다는 잘 짜인 사건과 액션들이 전개될 수 있도록 하는 데 초점을 맞추었다.

이와 같은 공간적 양상은 게임 장르의 다변화와 함께 변화의 국면을 맞았다. 이를테면 장르의 메카닉스를 활용해 가능성의 공간을 구현하는 것이다. 플레이어 캐릭터가 죽음을 맞이하면 처음부터 새로 시작해야 하는 로그라이크(roguelike) 장르 게임에서 매번 랜덤하게 시작지점을 설정하거나, 〈마인크래프트〉와 같은 샌드박스(sandbox) 게임에서 플레이어 경험의 종류나 순서에 제한을 두지 않고 자유도를 극대화하는 것이다. 이와 같은 장르적 메커니즘은 플레이어로 하여금 해당 게임 세계를 늘 새로운 공간 혹은 무한한 가능성의 공간처럼 인식하도록 만든다. 그러나 이 또한 임의적 속성에 기대어 불확실성을 강화하거나 플레이어가 가진 임의성에 의지하는 것이다. 물론 이러한 시도가 장르의 매력이 되었고, 유의미한 경험을 제공한 것은 분명하지만 동시에 진입 장벽으로 작용하기도 한다. 매번 새로운 시작은 버겁고, 너무 높은 자유도는 마치 할 일이 없는 것처럼 느껴지기도 한다.

오픈 월드 장르의 등장과 함께 가능성의 공간은 변곡점을 맞았다. 오픈 월드 게임에서는 퀘스트를 순서대로 따라가거나 정해진 미션을 수행하는 것이 아니라 플레이어가 원하는 방식으로 공간을 탐험할 수 있다. 게임 개발자는 플레이어가 어떤 방식의 상호작용을 선호할지 알 수 없기에 최대한 많은 범위에서 상호작용이 일어날 수 있음을 가정해야 한다. 이는 현실 세계의 행동 유도성(affordance)과 게임이라는 가상 세계의 행동 유도성을 모두 고려해야 한다는 의미다. 유기적이고 구조적인 상호작용 환경을 구현하기 위해 오픈 월드 장르에서 공간 AI는 핵심적인 역할을 한다.

절차적 경험에서 절차적 생성으로

디지털 기술로 인해 플레이어는 게임의 정보를 선택적이고 점진적으로 습득할 수 있게 되었다. 다른 미디어와 게임을 변별해 주는 요소인 규칙과 시뮬레이션은 이러한 속성과 결합해 게임 플레이 경험에 절차적(procedural) 특성을 부여한다. 플레이어는 선택과 결과라는 피드백

루프를 반복적으로 경험하며 게임 세계를 점진적이고 과정적으로 이해하게 된다. 이언 보고스트(Ian Bogost)는 게임의 절차적 특성이 선형적인 스토리텔링보다 더 깊이 있는 경험을 제공할 수 있게 한다고 말하며, 플레이어가 규칙 속에서 시스템을 경험함으로써 게임이 담고 있는 메시지를 이해하는 것을 '절차적 수사학(procedural rhetoric)'이라 표현하기도 한다. 게임의 공간은 규칙과 알고리즘이라는 한눈에 알 수 없는 게임의 절차적 특성을 가시적인 형태로 담고 있기 때문에 절차적 경험을 위한 핵심적인 요소이자 기반이 된다.

플레이어의 이동은 공간을 경험하는 가장 기본적인 선택이자 행동이다. 효율적이고 전략적인 이동을 위한 내비게이션 AI는 플레이어와 상호작용을 주고받는 AI 에이전트가 공간을 해석하고 인식하게 함으로써 유의미한 움직임이 가능하게 한다. 이동 가능한 3D 공간의 데이터를 삼각형 메시(mesh)로 채워 인식하는 '내비게이션 메시'나 출발점과 도착점 사이에 최소의 비용을 투입할 수 있는 경로를 탐색하는 A* 알고리즘 등이 바로 효율적인 이동을 가능하게 하는 내비게이션 AI다.

효율적인 이동만큼이나 자연스러운 이동 또한 중요하다. 여기서 자연스러운 이동은 지능에 의한 개연성에 기반한 이동이다. 이를테면 얼어붙은 땅에서는 속도가 느려지고, 플레이어의 이동 방향을 예측해 이동 경로를 차단하며, 엄폐물을 활용하는 것이다. AI 에이전트가 이러한 공간적 인식에 기반해 전략적 판단을 내리면서 이동과 탐색을 수행할 때, 플레이어는 해당 공간에 더 깊은 몰입을 경험할 수 있다.

공간을 구성하는 지형에 대한 해석과 더불어 공간에 배치된 NPC와 오브젝트의 전반적인 맥락을 인식하거나 플레이어 캐릭터를 비롯해 다른 NPC들을 사회적 공간의 관점에서 인식하는 것 또한 공간적 인식에 포함된다. 이토 다케시는 자신의 저서인 『게임 정보학』에서 "캐릭터가 공간에 존재하기 때문에 주관적인 공간 정보와 사회적인 공간 정보가 생겨난다"라고 말했다. 공간에 적용되는 게임 AI 또한 현실 세계에서 인간이 공간을 시뮬레이션하듯이 게임 공간을 시뮬레이션하는 것이 궁극적인 목표다.

게임의 절차적 경험이 주어진 공간을 이동하며 탐색하는 과정에서 게임 세계를 인식하는 것이었다면, 공간 AI는 공간의 절차적 생성(procedural generation)에 도전하기 시작했다. 절차적 생성은 플레이어의 절차적 경험이 가능하도록 게임 공간에 경험을 내재화하는 것을 넘어 알고리즘을 기반으로 새로운 공간을 생성하는 것이다. 절차적 생성은 공간에 포함된 레벨 디자인, 퀘스트, NPC 등을 생성하는 것을 포함하기도 한다. 절차적 생성은 게임 개발자가 설계한 자원을 바탕으로 임의적으로 공간을 생성하는 듯 보이지만 기존 규칙을 기반으로 게임의 세계를 변형하거나 생성하는 것이다.

플레이할 때마다 임의적으로 새로운 던전을 플레이하게 되는 로그라이크 장르의 시초가 된 〈로그(Rogue)〉(1980)는 여러 개의 던전을 저장해 둘 디스크 공간이 부족했기에 게임을 새롭게 시작할 때마다 완전히 새로운 던전을 생성해야 했다. 낮은 수준의 하드웨어로 인한 어쩔 수 없었던 조치였지만, 이와 같은 〈로그〉의 임의적 던전 생성은 절차적 생성의 시초가 되었다. 절차적 생성은 동일한 게임을 플레이하더라도 플레이어에게 지속적으로 새로운 경험을 제공하며, 지루함을 유예하고 계속해서 목표에 도전할 수 있도록 만든다.

플레이어에게 높은 자유도를 제공하는 샌드박스 게임인 〈마인크래프트〉에서도 다양한 생태계와 지형 등이 자동으로 생성되기 때문에 플레이어가 탐험할 수 있는 공간의 무한한 확장이 가능하다. 게임 개발의 측면에서도 현실 세계와 시각적으로 유사도가 높은 콘셉트의 월드를 재현하는 것이 아니기에 〈마인크래프트〉의 절차적 생성은 게임 제작자가 투입해야 하는 개발 리소스를 줄이는 동시에 플레이어에게는 방대한 월드를 제공하는 효율적인 방식이다.

줄리안 토겔리우스(Julian Togelius)는 이러한 공간의 절차적 생성이 게임에 적용되는 '창의성의 자동화'를 위한 시도 중 하나라고 언급한다. AI가 게임 디자인의 일부를 수행할 수 있는 메타 시스템을 디자인하고 구현하는 일은 게임 디자인을 연구하는 방법이라는 것이다. 생성형 AI의 발전과 함께 이는 단순히 기존 게임 공간의 연장선상에서 콘텐츠를 자동 생성하는 것을 넘어, 플레이어 데이터에 기반한 맞춤형 콘텐츠를 생성하는 것까지 나아간다. 생성형 AI를 통해 플레이 데이터를 실시간으로 수집·생성하고 플레이어에 최적화된 형태의 공간을 생성할 수 있다. 이는 자동화와 효율화를 넘어 개인화라는 생성형 AI가 가진 새로운 단면을 보여 준다.

참고문헌

이인화(2005). 『한국형 디지털 스토리텔링』. 살림.

한혜원(2005). 『디지털 게임 스토리텔링』. 살림.

伊藤毅志 외(2018). ゲーム情報概論-ゲームを開拓する人工知能, コロナ社. 김성훈 옮김(2020). 『게임 정보학: 게임을 개척하는

인공지능』. 길벗.

Bogost, I.(2007). *Persuasive Games: The Expressive Power of Videogames*. The MIT Press.

Laurel, B.(1991). *Computers as Theatre*. Addison-Wesley. 유민호·차경애 옮김(2008). 『컴퓨터는 극장이다』. 커뮤니케이션북스.

Salen, K. & Zimmerman, E.(2003). *Rules of Play: Game Design Fundamentals*. The MIT Press. 윤형섭·권용만 옮김(2010). 『게임디자인원론1』. 지코사이언스.

Togelius, J.(2018). *Playing Smart*. The MIT Press. 송지연 옮김(2019). 『재미나는 생각, AI와 게임』. 에이콘출판사.

06
다중 형식 스토리와 AI

인간은 이야기에 대한 두 가지 욕망을 가지고 있다. 자신의 이야기를 하고 싶은 욕망과 재미있는 이야기가 끝나지 않기를 바라는 마음이 그것이다. 이는 이야기에 대한 창작자와 향유자로서의 욕망을 모두 반영한다. 게임에서 AI는 다중 형식 스토리를 통해 플레이어가 자신만의 이야기를 끝없이 경험할 수 있도록 한다.

AI와 야구?

홀로덱에 선 햄릿

서사학자들은 컴퓨터가 새로운 서사 매체가 될 수 있다고 기대했다. 재닛 머레이(Janet Murray)는 디지털이 데이터를 1과 0으로 변환하는 것을 의미하는 기술적 정의에만 머무르는 것이 아니라 하나의 패러다임이 될 것이라 예견했다. 그녀는 소설이나 영화와 같은 전통적인 미디어의 서사와 구분하기 위해 '사이버 드라마(Cyber Drama)'라는 용어를 제안했다. 디지털 기반의 가상 공간에서 새로운 표현과 경험이 가능하도록 하는 "전자 서사 예술만의 고유한 방식"이 있다는 것이다.

머레이는 이를 '홀로덱에 선 햄릿(Hamlet on the Holodeck)'이라는 흥미로운 표현으로 제시했다. 홀로덱은 미국 드라마 〈스타트렉(Star Trek)〉(1966)에 등장했던 홀로그램을 활용한 3D 시뮬레이터다. 광활한 우주를 항해하는 엔터프라이즈호의 승무원들은 홀로덱에서 다양한 가상 현실을 경험하며 여가를 즐겼다. 홀로덱에 선 햄릿이 의미하는 것은 햄릿을 읽거나 보는 것이 아니라 주인공인 햄릿이 되어 그 고뇌와 드라마를 직접 경험하는 것이다.

상호작용성에 기반한 인터랙티브 스토리텔링은 홀로덱에 선 햄릿처럼 완벽한 가상 현실의 체험 형태로 이어

지지는 못했지만, 다중 형식 스토리(multi form story)를 통해 그 가능성을 보여 주었다. 소설이나 영화와 같은 선형적 미디어에서 독자나 관객은 작가가 선택한 선택지를 감상한다. 다중 형식 스토리는 이야기에서 사용자가 선택할 수 있는 모든 선택지의 결과를 보여 줄 수 있어야 한다. 다중 형식 스토리의 사용자는 사건의 전개를 선택하는 참여 행위를 하며 능동적으로 스토리를 경험한다.

브렌다 로럴은 컴퓨터를 극장에 비유하며, 사용자의 모든 선택이 유의미한 서사적 액션으로 전환되는 것을 인터랙티브 스토리텔링의 중요한 특징으로 꼽았다. 다중 형식 스토리는 이야기를 시간의 흐름에 따른 인과관계가 우선시되는 선형적 형태가 아니라 다양한 가능성이 존재하는 무한한 망(web)의 형태로 간주한다(한혜원, 2010). 이후 학계나 업계를 아우르며 〈엣지 오브 투모로우(Edge of Tomorrow)〉(2014)나 〈인터스텔라(Interstellar)〉(2014)와 같은 영화에서 시간 여행이나 상대성 이론과 같은 모티프나 플롯으로 등장했던 다중 형식 스토리를 디지털 미디어를 기반의 실질적인 서사 양식으로 구현하기 위한 다양한 시도들이 이루어졌다.

첫 시도는 하이퍼텍스트 픽션(hypertext fiction)이다. 하이퍼텍스트 픽션 〈오후, 이야기(Afternoon, a Stroy)〉

(1987)는 낱말, 문장, 문단이라는 작은 덩어리로 구성되어 있어, 독자가 키보드나 마우스로 Y/N을 입력해 다음에 읽을 것을 선택할 수 있다. 하이퍼텍스트 픽션은 다중형식 스토리가 가지는 양방향성, 즉 사용자의 참여를 구현했으나, 개연성에 기반한 전개가 배제된 사용자의 선택 자체에 집중했다. 사용자는 자신이 한 선택과 결과 사이에서 유의미한 변화를 느낄 수 없었기에 쉽게 흥미를 잃었다. 실험적 시도에 그친 하이퍼텍스트 픽션 이후 〈아임 유어 맨(I'm Your Man)〉(1992)과 같이 관객으로 하여금 일부 구간에서 사건의 전개를 선택할 수 있도록 하는 인터랙티브 영화가 시도되기도 했지만, 이 또한 꾸준히 제작되지는 못했다.

주목할만한 것은 마이클 마티아스(Michael Mateas)가 2002년에 발표한 〈파사드(facade)〉(2002)다. 인터랙티브 드라마를 표방한 〈파사드〉는 실은 영상 콘텐츠보다 게임에 가까운 형태다. 젊은 부부의 오랜 친구 역할을 부여받은 사용자는 집들이에 초대받게 되고, 부부 간 갈등을 눈앞에서 경험하며, 누구의 편을 들 것인가와 관련된 다양한 선택을 하게 된다. 무엇보다 〈파사드〉는 자연어에 기반한 상호작용을 지원한다. 사용자는 자신이 하고 싶은 말을 자유롭게 키보드로 입력하고 주변을 둘러

보는 1인칭 시점으로 이야기를 경험할 수 있다. 마이클 마티아스는 〈파사드〉와 같은 인터랙티브 드라마가 예술작업과 AI, 예술과 과학의 경계가 모호해지며, 그 접점에서 나타난 하나의 시도이자 모델이라 주장했다. 그러나 〈파사드〉 또한 인터랙티브 드라마를 안정적으로 창작과 향유가 일어나는 하나의 콘텐츠 양식으로 정착시키지는 못했다.

새로운 이야기 양식에 대한 시도는 지속적인 창작과 향유가 이어질 때 그 성공 유무를 가늠할 수 있다. 다중 형식 스토리에 대한 시도는 신선함과 유의미함을 넘어 지속적인 창작과 향유를 이끌지는 못한 것이다. 레프 마노비치는 인터랙티브 스토리텔링을 “뉴미디어의 성배”라고 표현하며 그 어려움을 토로했으며, 브렌다 로럴 또한 인터랙티브 스토리텔링에 대해 “컴퓨터 신화에 의한 관념적 존재이며, 상상할 수 있지만 포착하기 어려운 유니콘”이라 표현하기도 했다.

그러나 다중 형식 스토리가 완전히 실패한 것만은 아니다. 쉽지 않았던 다중 형식 스토리를 성공적으로 구현함과 동시에 하나의 산업으로 안착시킨 것이 바로 게임이다. 게임은 다중 형식 스토리가 가진 딜레마를 효과적으로 해결한 케이스다. 다중 형식 스토리의 딜레마는 사용자가 이야기에 참여할 때 서사적 몰입이 깨질 수 있다는 데 있다. 인터랙티브 미디어로서 게임은 선택의 경험과 몰입이 충돌하지 않는다.

케이티 살렌과 에릭 짐머맨이 플레이어의 선택과 결과 간 관계가 식별 가능(discernable)하면서도 게임의 전체 맥락 속에서 통합(integrated)되어 있을 때 의미 있는 플레이가 성립된다고 말한 것처럼, 게임은 선택을 통해 몰입을 구현하는 매체다. 특히 인터랙티브 픽션 장르와 같이 서사성이 강하게 나타나는 게임에서 이러한 특성은 잘 드러난다. 인터랙티브 픽션 게임을 플레이하며 플레이어는 자신의 선택에 따라 사건의 전개가 달라지는 분기식 서사를 경험할 때 몰입이 깨지기보다 자신의 어떠한 선택이 이와 같은 결과를 가져오는지에 몰입한다. 이때 게임 AI는 게임 내 스토리텔링이 더욱 동적이고 개인화될 수 있도록 돕는다.

나만의 이야기 혹은 네버 엔딩 스토리

게임 AI는 나만의 이야기를 구현하기 위해 적극적으로 개입한다. 플레이어의 선택이 유의미한 결과로 이어지게 하는 것은 생각보다 쉬운 일이 아니다. 다중 형식 스토리는 이야기가 전개되면서 이야기의 분기가 기하급수적으로 증가하기 때문이다. 무엇보다 이야기의 양이 증가한다고 해서 모든 이야기가 유의미한 것은 아니다.

서사성이 강한 인터랙티브 픽션 장르의 게임에서는 이러한 어려움을 극복하기 위해 한정된 선택지를 제공해 이야기의 분기를 통제한다. 이 과정에서 AI는 플레이어가 스토리의 전개를 더 자연스럽고 유기적으로 느낄 수 있도록 한다. 단순히 플레이어의 선택에 따라 분기점에서 다음 액션을 연결하는 것이 아니라, 플레이어의 선택이 게임 전반에 미치는 영향을 실시간으로 분석하고 조정한다. 게임 AI가 진행하는 플레이어 행동 패턴에 대한 분석이 NPC나 이벤트, 게임 내 환경에 실시간으로 영향을 미치는 것이다.

퀀틱드림에서 개발한 대표적인 인터랙티브 픽션 게임인 〈디트로이트: 비컴 휴먼〉(2018)은 각각 다른 서사적 지향을 가진 캐릭터 세 명의 시점을 오가며 플레이하게 되며, 85개 이상의 주요 엔딩을 제공한다. 플레이어는 세 명의 캐릭터를 오가며 사소한 선택부터 스토리 전개를 바꾸는 중대한 선택에 이르기까지 수많은 선택을 경험한다. 이때 플레이어와 직접적으로 상호작용하는 NPC는 대화 도중에도 즉각적으로 플레이어에 반응하며 플레이어 행동 패턴에 따라 행동을 역동적으로 조정한다. 플레이어는 다회차 플레이를 통해 자신의 선택이 어떻게 이야기의 결말을 바꾸는지 경험한다. 또한 전세계 플레이어들과 데이터를 공유함으로써 플레이어는 자신의 선택과 동일한 선택을 한 플레이어의 비율을 알 수도 있다.

인터랙티브 픽션 장르의 플레이어가 나만의 이야기를 경험했다면, 명확한 엔딩이 존재하지 않는 오픈 월드 장르는 나만의 이야기에 더해 네버 엔딩에 가까운 경험을 제공한다. 이때 게임 AI는 플레이어가 자신의 선택에 따른 결과가 유의미함을 지속적으로 인지할 수 있도록 한다. 오픈 월드 장르에서 플레이어는 하나의 스토리를 경험하는 것을 넘어 섬세하게 시뮬레이션된 가상 세계를 살아가는 구성원이 되는 경험을 한다.

〈엘더스크롤 V: 스카이림(The Elder Scrolls V: Skyrim)〉(2011)에서 NPC는 저마다의 일상적 루틴에 따라 움직이도록 설계되어 있다. 이른바 레디언트 AI (Radiant AI) 시스템이라 불리는 〈엘더스크롤 V: 스카이림〉의 게임 AI는 시간대와 날씨에 따라 NPC를 다르게 행동하게 하고, 플레이어의 과거 행동 패턴을 고려해 각 NPC 고유의 루틴에 따라 역동적인 반응을 보여 준다. 게임 개발사인 베데스다는 2006년 〈엘더스크롤 IV: 오블리비언(The Elder Scrolls IV: Oblivion)〉(2006)에서 레디언트 AI 시스템을 도입했으며, 2011년 〈엘더스크롤 V: 스카이림〉을 출시하기까지 약 5년에 가까운 시간 동안 레디언트 AI시스템을 개선하고 정교화하는 데 대거 개발 리소스를 투입했다.

오픈 월드 게임에서 AI는 플레이어가 오랫동안 플레이를 지속할 수 있도록 이벤트, 퀘스트와 같은 콘텐츠를 절차적으로 생성하거나 적응형 NPC와 환경을 구축하는 데 기여한다. 생성형 AI와 같은 AI 기술의 발전을 통해 플레이어가 경험하는 스토리가 단순히 끝없이 이어지는 것이 아니라, 플레이어에게 최적화된 유의미한 경험들로 채워지는 방향으로 나아가고 있다. 초기의 하이퍼텍스트 픽션에서 사용자의 선택이 그저 의미 없이 이어지는 사건의 나열을 만드는 데 지나지 않았다면, 오픈 월드 게임에서 플레이어는 자신만의 네버엔딩 스토리를 경험한다.

참고문헌

한혜원(2010). 『디지털 시대의 신인류 호모나랜스』. 살림.

Ferreira, A. I., & Ferreira, S.(2021). The Potential of Interactive Digital Narratives Towards Literary Linear Texts. In *Perspectives on Design and Digital Communication II: Research, Innovations and Best Practices*, pp. 81-98,

Springer International Publishing.
Mateas, M.(2001). Software Takes Command: An Interview with Lev Manovich.
https://rhizome.org/editorial/2013/jul/10/lev-manovich-interview/
Michael, C.(2013). A Preliminary Poetics for Interactive Drama and Games. *Digital Creativity. 12*(3), 140-152.
Murray, J. H.(1997). *Hamlet on the Holodeck: The Future of Narrative on Cyberspace*. Cambridge. 한용환·변지연 옮김(2001). 『인터랙티브 스토리텔링』. 안그라픽스.
Laurel, B.(1991). *Computers as Theatre*. Addison-Wesley. 유민호·차경애 옮김(2008). 『컴퓨터는 극장이다』. 커뮤니케이션북스.
Salen, K. & Zimmerman, E.(2003). *Rules of Play: Game Design Fundamentals*. The MIT Press. 윤형섭·권용만 옮김(2010). 『게임디자인원론1』. 지코사이언스.

07
생성형 AI와 게임 개발

생성형 AI의 등장은 게임 산업 전반에 영향을 미치고 있다. 생성형 AI가 게임 개발 및 서비스 과정에서 가져온 변화들은 자동화, 효율화, 개인화라는 프레임을 통해 접근할 수 있다. 인간 고유의 창의성에 대한 AI의 도전이라는 우려 섞인 시선보다는 창작의 도구로서 어떻게 활용하고 대응할 것인지에 대한 고민이 필요한 시점이다.

AI와 윤동주?

프리 프로덕션

액션 어드벤처 게임 〈언차티드 3(Uncharted 3)〉(2011)의 개발자 리차드 르마샹(Richard Lemarchand)은 게임 제작 프로세스를 아이디에이션(ideation), 프리 프로덕션(pre-production), 풀 프로덕션(full-production), 포스트 프로덕션(post-production)으로 나누어 제시한다. 모든 게임 개발팀이 이 용어를 동일하게 사용하는 것은 아닐 수 있지만, 대부분의 게임 제작은 유사한 작업의 과정을 거쳐서 진행된다.

아이디에이션은 말 그대로 해당 게임에서 플레이어가 어떤 경험을 얻을 것인가를 중심으로 "플레이어 경험 목표(player experience goal)"(Fullerton, 2008)를 설정하고 다양한 아이디어를 도출하기 위한 조사를 진행한다. 플레이어 경험 목표를 중심으로 핵심 경험의 재미를 검증하기 위해 초기 아이디어를 토대로 프로토타입을 제작한다. 이때 프로토타입은 작업 리소스를 너무 많이 투입하지 않는 캐주얼한 형태로 재미와 게임성을 가능성을 살펴보기 위한 브레인스토밍 단계다.

프리 프로덕션은 본격적인 개발에 들어가기에 앞서서 전체 프로젝트의 방향을 구체적으로 설정하는 단계다. 숲과 나무를 모두 살피는 과정에 해당한다. 게임에서 핵심적인 경험을 만드는 시스템이나 기능을 중심으로 전체 게임의 축소판에 해당하는 프로토타입을 만든다. 프리 프로덕션 단계에서는 버티컬 슬라이스(vertical slice)라는 방식으로 프로토타입을 검증한다. 게임의 메커니즘, 그래픽, 오디오, 사용자 인터페이스 등 전체 게임 스타일을 어느 정도 반영함으로써 아이디어 콘셉트가 충분히 재미있는지에 대한 검증을 진행한다. 이 과정에서는 기술적 검증과 더불어 기획적 피드백을 통해 프로젝트의 방향성을 조정하기도 한다.

버티컬 슬라이스가 나무를 살피는 과정이라면, 게임 디자인 매크로(game design macro)는 숲을 그리는 과정이다. 게임의 전체 구조와 플레이 흐름을 거시적으로 살피기 위해 게임의 전체적인 진행, 스토리 아크, 플레이어의 성장 시스템과 난이도, 경제 시스템 등을 설계한다.

프리 프로덕션 단계에서는 게임의 완성도가 중요한 것이 아니다. 프로젝트 구성원이 개발할 게임에 대한 공통적인 인식과 비전을 공유하고, 더 나은 아이디어를 제시하면서 개발 방향을 구체화하는 것이 중요하다.

프리 프로덕션 단계에서 생성형 AI는 수작업으로 초기 비주얼 콘셉트와 프로토타입을 제작할 때보다 제작 기간을 줄이는 것은 물론 프로젝트 구성의 아이디어를 수렴하면서 손쉽게 조정과 변형을 시도할 수 있다. 프리프로덕션은 어차피 완성도가 중요한 단계가 아니기 때문에 프로토타입에 들이는 개발 리소스를 최소화함으로써 더 다양한 아이디어를 실험해 볼 수 있다. 초기 버전을 위한 임시 작업인 만큼 부담을 최소화함으로써 프로젝트가 지향하는 플레이어 경험 목표를 통해 얻을 수 있는 재미와 게임성을 검증하는 것에 개발력을 집중할 수 있다.

프로덕션

프로덕션은 본격적으로 개발을 진행하는 단계다. 게임의 형식적 요소(formal elements)와 극적 요소(dramatic elements)를 구현하고 알파 · 베타 테스트를 통해 완성도를 높인다. 이 단계에서는 캐릭터, 맵, 레벨 디자인 등 다양한 분야에서 생성형 AI가 활용될 수 있으며, 개발 과정의 자동화와 효율화를 통해 개발 시간과 비용을 절감할 수 있다.

먼저 캐릭터 모델링, 텍스처링, 애니메이션 작업 등 특정한 조건에 맞춰 다양한 아트워크를 자동으로 생성하거나 관련된 작업을 진행할 수 있다. 아트팀은 상대적으로 시간이 많이 들어가는 수작업에서 벗어나 새로운 아이디어를 고민하거나 여유를 가지고 거시적인 관점에서 전체 작업을 살펴볼 수 있다.

메타버스 솔루션을 표방하는 엔비디아(NVIDIA)의 옴니버스(Omniverse) 플랫폼은 AI를 기반으로 실시간 3D 협업을 지원하는 레이아웃을 생성하며, 애니메이션 작업을 자동화할 수 있다. 옴니버스에서 제공하는 애니메이션 생성 도구는 환경과의 상호작용을 고려해 더욱 자연스러운 방식으로 캐릭터 애니메이션을 생성한다. 또한 캐릭터 상호작용의 복잡도가 높은 장면을 자동으로 설계하기도 한다. 무엇보다 다양한 게임 엔진과 호환 가능한 것이 옴니버스의 장점이기도 하다.

다음은 스토리와 대화의 자동 생성이다. 기본 스토리라인을 입력하면 자동으로 스토리 분기점과 대화를 생성할 수 있다. 다양한 스토리 자동 생성 도구들은 자연어 처리, 기계 학습과 강화 학습을 기반으로 플레이어의 선택에 따른 분기점이나 세부 스토리를 자동으로 생성한다. 오픈AI의 챗GPT API를 활용해 대화형 스토리를 생성할 수 있다. GPT-3 모델을 기반으로 하는 스토리 생성 도구인 AI 던전(AI Dungeon)은 텍스트를 입력하면 실시간으로 스토리와 이벤트를 생성한다. 기획자가 기본적인 세계관과 캐릭터 설정을 해 두면 자동으로 스토리가 전개되므로 플레이어는 예측하지 못했던 다양한 스토리를 경험할 수 있다. 이 외에도 모바일 플랫폼에 최적화된 스토리스트림(StoryStream), 플레이어의 행동에 따라 주변 환경을 변화시키고 이벤트를 자동으로 생성하는 프로메테안 AI(Promethean AI)등 다양한 스토리 자동 생성 도구들이 존재한다.

스토리뿐만 아니라 맵, 레벨 디자인 등 게임 환경 또한 절차적으로 생성할 수 있다. 언리얼 엔진이나 유니티 엔진의 월드 빌딩 도구는 지형과 환경을 자동으로 생성하고, 텍스처를 자동으로 생성해 개발자의 작업 부담을 줄인다. 개발자는 생성된 지형이나 레벨 디자인을 미시적으로 조정하고 개선하는 것에 집중하면서 작업의 효율을 높일 수 있다.

개발 과정에서는 지속적인 플레이 테스트가 필요한데, AI 에이전트를 활용해 이 또한 효율적으로 진행할 수 있다. AI 에이전트의 플레이 스타일을 다양하게 설정하고 게임의 핵심 메커니즘과 밸런싱을 테스트하거나, 플레이 데이터를 기반으로 맵이나 레벨 디자인을 자동으로 생성할 수 있다. 줄리안 토겔리우스는 이를 '검색 기반 절차적 콘텐츠 생성(search-based procedural content generation)'이라 지칭하며, 데이터의 탐색을 기반으로 콘텐츠를 생성하는 것 또한 창의성이 발휘되는 한 방식으로 볼 수 있다고 말한다. 창의성이 탐색을 기반으로 발휘된다고 본다면, 인간의 사고에 필요한 다른 모든 노력만큼 창의성 또한 자동화될 수 있다는 것이 그의 지론이다. 생성형 AI는 기존 절차적 콘텐츠 생성이 임의성이나 기본적인 규칙에 기반했던 것에서 나아가 플레이어의 데이터를 실시간으로 수집·분석하고, 이를 바탕으로 플레이어 맞춤형 콘텐츠를 생성하도록 할 수 있다. 데이터를 활용한 절차적 콘텐츠 생성은 AI를 활용한 게임 개발의 중요한 변곡점이 될 것으로 보인다.

포스트 프로덕션

포스트 프로덕션 단계에서는 온라인 플랫폼 여부에 따라 수행되는 액션들의 주기와 빈도가 달라진다. 온라인 플랫폼의 경우, 라이브 서비스를 통해 지속적인 콘텐츠 업데이트와 유지·보수가 이루어진다. 이때 생성형 AI는 축적된 플레이어 데이터를 바탕으로 플레이어 행동 패턴을 분석하고 게임 밸런싱이나 플레이 구간별 난이도 조정을 자동으로 수행할 수 있다. 또한 버그를 탐지하거나 게임 플레이 도중 발생하는 성능 저하를 모니터링해 자동 디버깅을 진행함으로써 게임의 완성도를 높인다. 유지 · 보수 과정의 자동화와 실시간 플레이어 행동 패턴 분석은 개발자가 유지 · 보수에 쏟는 시간을 줄이고, 새로운 콘텐츠 개발을 위한 아이디에이션에 쏟을 수 있는 시간을 확보할 수 있도록 해 준다.

딥러닝을 바탕으로 한 생성형 AI는 텍스트, 이미지, 오디오, 동영상 등 다양한 양식의 콘텐츠를 상당히 자연스러운 형태로 생성한다. 이러한 생성형 AI는 게임 개발 과정의 일정 부분을 자동화함으로써 개발 과정을 효율화한다. 개발 과정의 효율화는 리소스가 많이 투입되는 데 비해 단순한 작업을 AI로 대체하고 제작자가 더 창의적인 부분에 힘을 쏟게 함으로써 게임을 고도화하거나 실험적인 시도가 더 활발해질 수 있음을 의미한다. 또한 초기 아이디어 콘셉트나 프로토타입을 빠르게 제작함으로써 콘셉트를 개선하거나 구체화하는 것에 노력을 쏟을 수 있다. 플레이어 데이터를 기반으로 플레이어에게 개인화된 경험을 제공할 수 있는 것 또한 중요하다.

생성형 AI가 게임 제작 과정에 가져온 변화의 양상은 자동화, 효율화, 개인화라는 키워드를 통해 접근할 수 있으며, 창작의 도구로서 생성형 AI가 어떻게 제작 과정과 플레이어 경험을 변화시키는지에 대한 시사점을 제시한다. 특히 개인화는 이미 생성형 AI가 제작에 활용되고 있는 웹툰이나 숏폼 영상과 달리 게임에서 변별적으로 나타나는 양상이다. 자동화와 효율화가 개발 과정에서 나타나는 양상이라면, 개인화는 개발 과정은 물론 플레이어의 플레이 경험에 직접적으로 영향을 미치기 때문이다.

참고문헌

Fullerton, T.(2008). *Game design workshop*. Morgan Kaufmann. 최민석 옮김(2012). 『게임 디자인 워크숍』. 위키북스.

Lemarchand, L.(2021). *A Playful Production Process*. The MIT Press. 이정엽·김종화 옮김(2023). 『재미있는 게임 제작 프로세스』. 영진닷컴.

Togelius, J.(2018). *Playing Smart*. The MIT Press. 송지연 옮김(2019). 『재미나는 생각, AI와 게임』. 에이콘출판사.

08
AI와 게임 기업

게임 산업의 주요 주체인 기업의 입장에서도 생성형 AI의 등장은 새로운 변곡점이 된다. 온라인 게임을 중심으로 발전해 온 한국의 게임 산업은 모바일 플랫폼이나 스팀과 같은 게임 온라인 유통 플랫폼의 등장에 이어 생성형 AI라는 새로운 변수를 마주하고 있다. 대형 게임 개발사, 소규모의 인디 게임 스튜디오 등 게임 기업은 그 규모와 놓인 상황에 따라 생성형 AI로 인해 촉발된 조금은 다른 기회와 위협을 마주하고 있다.

AI와 한의학?

대형 기업과 AI

게임은 AI에 대한 산업적 관심이 형성되기 이전부터 AI와 밀접한 관계를 맺어 왔다. 그에 비해 생성형 AI가 본격적으로 등장하기 이전부터 그 어떤 콘텐츠 기업보다 AI 친화적인 환경을 갖추고 있었다 해도 과언이 아닌 게임 기업들은 현재 생성형 AI를 둘러싼 산업적 흐름을 주도하고 있지는 못하다.

문화적 층위와 컴퓨터 층위가 결합된 콘텐츠로서 게임은 AI를 테스트하고 적용하기에 최적의 환경을 갖추고 있지만, 게임을 위한 AI를 연구하고 발전시키는 일은 당장 출시가 필요한 게임 개발에 우선순위를 내주기 마련이다. R&D 측면에서 AI를 통해 개발 과정을 효율화하고 플레이어에 최적화된 게임 경험을 고민하는 것은 의미가 있겠지만, 눈앞에 닥친 게임 출시일을 맞추는 것과 당장의 흥행에는 직접적인 도움이 되지 않는다. 줄리안 토겔리우스는 AI 방법론이 게임 제작에서 더 많이 사용되지 않는 것에 대해 사업적 성공을 위해 "놀라울 정도로 위험을 회피하고자 하기 때문"이라고 말한다. 그러나 생성형 AI 플랫폼과 저작 도구가 콘텐츠 산업 전반에 영향력을 확장하고 있는 지금, 게임 기업들 또한 이 역동적인 변화에 대응하고 있다.

먼저, 대형 개발사들은 다수의 흥행작을 바탕으로 다양한 플레이어들의 방대한 데이터를 활용해 더욱 개인화된 플레이 경험이 가능하도록 개발과 운영을 시도하고 있다. AI 에이전트 개발을 주도해 왔던 구글은 딥마인드를 기반으로 AI 에이전트를 훈련함으로써 NPC의 자율성을 강화하는 동시에 플레이어와의 상호작용을 개선하고 있다. 2023년에 액티비전 블리자드를 인수한 마이크로소프트는 게임 AI와 클라우드를 결합한 분야에서 꾸준한 행보를 보여 왔다. 마이크로소프트가 내놓은 통합 게임 개발 관리 플랫폼인 '게임 스택(game stack)'은 인디 게임 개발자들이 손쉽게 통합적으로 AI를 활용할 수 있도록 하는 개발 툴과 서비스를 제공하고 있다.

국내에서도 대형 개발사들을 중심으로 자체적인 생성형 AI 플랫폼을 개발하거나 관련 조직을 꾸려 대응하고 있다. 엔씨소프트는 자체적으로 한국어 거대 언어 모델(large language model) '바르코'를 공개했다. 바르코 스튜디오는 게임 시나리오와 이미지, 가상 인간 등과 같은 게임 개발 툴을 갖추고 있다. 엔씨소프트는 게임 제작의 프로세스를 단축하거나 자동화하기 위해 자연어 처리팀을 비롯한 AI 랩을 운영해 왔다.

크래프톤에서는 AI 활용 전략과 그에 따른 부작용을

함께 고민하고 있다. NPC와의 상호작용에서 개인화된 경험을 제공하는 '파인딩 미유(Finding Meow)'의 데모 버전을 개발 중이며, 장기적으로는 개인화된 게임 경험을 넘어 플레이어와 개인적 관계를 형성할 수 있는 NPC를 지향하고 있다. 더불어 해당 AI 콘텐츠에 플레이어가 과몰입하는 경우를 대비해 AI 게임 친구를 만들 때 반드시 거치는 절차인 '버추얼 프렌드'를 개발 중이기도 하다.

넥슨 또한 오랜 라이브 서비스를 바탕으로 축적된 게임 데이터 분석을 통해 서비스의 품질을 높이고, 플레이어 경험 개선을 위한 솔루션을 제공하는 인텔리전스랩스를 운영하고 있다. 인텔리전스랩스의 '게임 스케일' 솔루션은 누적된 플레이 로그를 바탕으로 비정상 계정을 탐지하거나 게임 내에서 비정상적으로 게임 재화가 집중되는 흐름을 파악해 플레이어의 게임 경험을 개선한다. 또한 이탈한 플레이어에게 향수를 자극하는 과거 플레이 기록들을 포토 앨범으로 제작해 복귀를 유도하는 개인화 마케팅을 진행하기도 했다.

넷마블도 유사한 AI 관련 조직을 가지고 있다. 넷마블 AI 센터는 게임 운영을 담당하는 콜럼버스실과 게임 개발에 초점을 맞추는 마젤란실로 이분화되어 있다. 모바일 게임에서 거둔 성공을 발판으로 누적된 방대한 데이터를 바탕으로 게임 밸런싱, 음성 합성 등에서 성과를 보이고 있다.

AI를 적극적으로 활용하고자 하는 국내 대형 개발사들의 행보가 지속되고 있지만 어려움 또한 존재한다. 가장 눈에 띄는 것은 언어적 한계다. 거대언어모델의 특성상 글로벌 기업과 비교할 때 국내 기업의 한국어 데이터들은 규모 면에서 한계가 존재한다.

특정 플랫폼과 장르에 편중된 구조에도 이슈가 존재한다. 엔씨소프트나 넥슨 등 국내의 대형 개발사들은 MMORPG와 같은 온라인 게임을 중심으로 성장해 왔다. AI 활용 측면에서도 절차적 콘텐츠 생성이나 개인화된 플레이 경험을 제공하는 등의 다양한 장르에 적용될 수 있는 콘텐츠 개발보다는 밸런싱이나 플레이어 간 매칭 등 플레이어 간 이슈를 핸들링하는 것과 같은 운영적 측면에 중점을 두는 경향이 강하다.

소규모 개발사와 AI

AI를 둘러싼 역동적인 흐름은 대형 개발사뿐만 아니라 소규모 개발사나 인디 게임 개발사에도 여지없이 영향을 미치고 있다. 대형 개발사가 연속적인 흥행을 통해 쌓은 방대한 데이터를 바탕으로 AI 관련 부서를 꾸리고 조직적으로 대응하고 있는 데 비해 스타트업이나 인디 게임 스튜디오들은 자본과 인력 부족으로 전담 조직을 운영하기 쉽지 않은 것이 현실이다. 그러나 소규모 개발사에게 AI는 바로 그러한 자본과 인력 부족을 상쇄하는 역할을 하고 있다.

소규모 개발사와 인디 게임 개발사는 개발 효율성 향상과 비용 절감에 초점을 맞추어 생성형 AI를 활용하고 있다. 생성형 AI 플랫폼을 활용해 캐릭터 디자인과 모델링, 레벨 디자인, 대사나 스토리를 자동 생성하고, 후작업을 거치는 형태로 작업을 진행하면 적은 인력으로도 개발 과정을 효율화할 수 있다. 콘셉트 작업이나 프로토타이핑에 생성형 AI를 활용함으로써 빠르고 적은 비용으로 프리 프로덕션 과정을 효율적으로 진행할 수도 있다. 이와 같은 개발 과정의 효율화는 소규모 인원으로도 대규모의 개발 리소스 투입이 요구되는 게임을 개발할 수 있는 가능성을 높이거나 다양한 시도를 할 수 있도록 한다.

생성형 AI를 통한 개발 과정 단축과 효율성 향상은 단순히 생산성 증가의 측면에서만 의의를 가지는 것이 아니다. 생성형 AI는 창작의 도구로서 단순하고 반복적인 작업의 비중을 줄이고, 게임 개발자들이 창의적인 작업에 집중하거나 실험적인 시도를 할 수 있도록 보조적인 역할을 수행한다.

유니티 엔진을 기반으로 〈로스트그라운드〉를 개발 중인 소규모 개발사 슈퍼조이에서는 게임 배경이나 장면을 AI로 제작하고, 후작업을 통해 수정하는 방식을 통해 개발 속도를 높이고 있다. 인디 게임 〈서울 2033〉, 〈수확의 정석〉을 개발한 반지하게임즈에서는 개발 중인 게임의 캐릭터 디자인이나 설정에 생성형 AI를 활용해 초기 콘셉트 구현에 소요되는 시간을 단축하고 있다. 생성형 AI를 통해 제작한 텍스트나 이미지, 영상을 게임 내에 직접 사용하지 않고 이를 참고하는 것만으로도 개발 과정의 효율성이 향상된다. 반지하게임즈의 대표는 지디넷코리아와의 인터뷰에서 "개발진이나 지인의 인물 사진을 재료로 활용해 스테이블 디퓨전(Stable Diffusion)이나 미드저니(Midjourney)와 같은 이미지 생성 AI 툴을 사용해 에셋을 제작하고, 게임 스토리 진행에 맞게 수정하는 후작업을 통해 좋은 결과물을 얻었다"고 밝히기도 했다.

효율화에만 초점을 맞춘 AI 활용 방식에는 한계 또한 존재한다. 소규모 개발사나 인디 게임 개발사의 경우,

전담 조직을 통해 만들고자 하는 게임에 최적화된 AI 툴을 활용하거나 개발할 수 없기 때문에 발생하는 문제다. 생성형 AI를 통해 만든 리소스가 개발자가 원하는 콘셉트나 아이디어에 최적화된 것이 아니기 때문에 활용에 제한이 있거나, AI를 통해 생성된 에셋을 수정하는 후작업에 더 많은 리소스를 투입해야 하는 경우가 생길 수도 있다. 이러한 한계점에도 불구하고 생성형 AI는 소규모 게임 개발사나 인디 게임 개발사가 개발을 지속하는 데 중요한 역할을 할 수 있으며, 그 비중은 점점 커질 것으로 보인다. 장기적으로 이는 MMORPG 등의 온라인 게임에 집중된 한국 게임 생태계의 다양성을 높이는 결과를 가져올 수 있다.

참고문헌

강한결(2024.03.25). 중소게임사는 어떻게 AI를 활용할까, 지디넷코리아, https://zdnet.co.kr/view/?no=20240321101750

백지영(2024.05.10). [AI WAVE 2024] "욕설 탐지하고, 플레이어 매칭 고도화"…넥슨이 AI를 활용하는 법, 디지털데일리, https://www.ddaily.co.kr/page/view/2024051014582100635

신윤애(2023.09.23). 이연수 엔씨소프트 NLP센터장, AI 전쟁에 뛰어든 게임 회사, 포브스 코리아,

https://jmagazine.joins.com/forbes/view/338488
심지영(2023.05.25). [현장] 국내 게임산업, AI 활용 어디까지 왔나, 비즈한국,
https://www.bizhankook.com/bk/article/25703
조윤찬(2024.08.29). 소규모·인디게임 개발자, 에셋·AI 활용 필요성 강조돼, 시사위크,
https://www.sisaweek.com/news/articleView.html?idxno=217649
최현서(2024.02.10). ①콜럼버스와 마젤란처럼…넷마블의 AI 전략, 비즈워치,
https://news.bizwatch.co.kr/article/mobile/2024/01/31/0031
Togelius, J.(2018). *Playing Smart*. The MIT Press. 송지연 옮김(2019).『재미나는 생각, AI와 게임』. 에이콘출판사.

09

AI와 게임 산업의 직군들

개발과 사업을 아우르는 게임 산업의 직군들은 생성형 AI의 부상으로 인해 변화를 마주하고 있다. 개발 과정의 자동화와 효율화에 따라 동반되는 다양한 변화는 개발 과정을 변화시키는 것과 더불어 직군의 경계를 허물고, 새로운 직군을 등장시키기도 한다. 무엇보다 그 변화는 현재 진행형이다. 이는 AI가 인간을 대체할 수 있는가의 문제이기보다 창작의 도구로서 AI의 활용 양상에 따라 나타나는 직군의 변화에 가깝다.

AI와 화장품?

아이디어 구체화와 반복 작업의 효율화

생성형 AI는 기획, 아트, 프로그래밍을 아우르는 개발 직군 전반에 영향을 미치고 있다. 아이디어를 고민하고 이를 구체화하는 이른바 창의성이 필요한 작업과 이를 정밀하게 구현하는 기술적인 작업 모두에서 변화를 추동하고 있다.

제시 셸(Jesse Schell)은 게임의 구성 요소를 가시성의 정도에 따라 네 가지로 구분하고 있다. 먼저 가장 가시적인 것을 미적 요소(aesthetics), 가장 비가시적인 요소를 기술(technology) 요소, 그 중간적 성격을 띤 요소를 메커닉스(mechanics)와 이야기(story)로 나눈다. 이 네 가지 요소는 다름 아닌 각 개발 직군과 연결된다. 기획자는 게임의 메커니즘과 스토리를 구축하고, 아트 디자이너는 그래픽, 사운드 등을 구현하며, 프로그래머는 코드와 알고리즘을 통한 기술적 구축을 맡는다. 생성형 AI는 텍스트, 이미지, 코드 등 다양한 양식을 아울러 공통적으로 단순 반복 작업이나 검토 프로세스를 수행하고, 초기 프로토타입의 빠른 구축을 통해 아이디어를 구체화하는 역할을 수행할 수 있다.

기획자의 경우, 브레인스토밍 단계에서 생성형 AI 툴을 활용해 게임의 메커니즘이나 레벨 디자인의 프로토타입을 손쉽게 제작해 더 다양한 아이디어를 고민할 수 있다. 더불어 스토리 라인이나 퀘스트, 대화 등의 프로토타입 또한 빠르게 제작해 레퍼런스로 활용할 수 있다. 그래픽 디자이너도 마찬가지다. 원화의 경우, 초기 콘셉트 아트와 3D 모델링을 위한 레퍼런스를 빠르고 다양하게 생성할 수 있다. 게임 공간이나 환경에 사용되는 텍스처나 배경 이미지 또한 자동으로 생성해 반복적인 작업 공정을 줄일 수 있다. 캐릭터 애니메이션 또한 생성형 AI를 보조 작업자로 활용해 더욱 효율적인 작업이 가능하다. 프로그래머 또한 코딩을 위한 보조 도구로 생성형 AI를 활용할 수 있다. 기본 게임 로직의 작성을 통해 반복적인 작업을 자동화하고 오류 검토 및 수정을 자동화해 코드를 최적화할 수 있다.

사운드나 이펙트 디자인의 경우에도 디자이너가 요구하는 분위기에 적합한 프로토타입을 빠르게 생성하거나 조합할 수 있는 리소스를 제공한다. 플레이 테스트를 포함한 QA(Quality Assurance)에서는 반복적이고 세분화된 게임 플레이가 가능한 AI 에이전트를 통해 반복적으로 플레이 테스트를 수행해 버그를 수정하고 게임성을 테스트할 수 있다. 이 과정에서 다양한 성향의 플레이어 페르소나를 설정해 AI 에이전트에 적용함으로써 플레이 데이터의 질을 높이고 많은 양의 데이터를 빠르게 확보할 수 있다.

프로젝트 매니저, 마케터, 커뮤니티 마스터 등 사업 직군의 경우에는 무엇보다 로그 데이터의 활용이 용이하다는 점을 들 수 있다. 복잡한 데이터 툴을 활용하지 않고도 방대한 로그 데이터를 빠르게 분석해 유료화나 프로젝트 진행 및 마케팅 전략, 사용자 커뮤니케이션 방향을 설정하는 데 실질적이고 구체적인 근거를 마련할 수 있다.

게임 산업의 직군을 아울러 공통적으로 적용되는 변화들이 의미하는 바는 다음과 같다. 먼저, 아이디어의 빠른 구체화와 더불어 이를 다른 직군에게 전달하고 공유하는 것이 원활해졌다. 1인 개발자가 만든 인디 게임도 있지만, 게임은 기본적으로 집단 창작 시스템을 통해 만들어진다. 더욱이 텍스트, 이미지, 애니메이션, 코드 층위가 복합적으로 결합되어 있는 게임 특성상 게임 창작자들은 다양한 콘텐츠 양식으로 작업을 수행한다. 이 과정에서 각각의 언어를 이해하고 개발 방향을 공유하는 것은 개발 프로세스를 단축시키는 것은 물론 게임의 완성도를 높이는 데 지대한 영향을 미친다. 생성형 AI는 텍스트, 이미지, 영상, 사운드 등 다양한 형식에 기반한 게임 요소들의 초기 콘셉트나 아이디어의 프로토타입을 원하는 양식으로 빠르게 생성할 수 있다. 이는 창작자가 자신의 아이디어를 구체화하는 데 도움이 되는 것은 물론, 이를 다른 영역의 작업자들에게 공유해 같은 방향성을 가지고 개발을 진행할 수 있도록 한다. 기획자가 전문적인 이미지 생성 툴이나 모델링 툴을 다룰 수 없더라도 생성형 AI를 통해 기획에 기반한 참고 이미지들을 생성해 원화나 모델링 작업자에게 공유할 수 있는 것이다.

다음은 반복 작업의 효율화다. 상대적으로 단순하지만 리소스가 많이 드는 반복 작업은 생성형 AI를 통해 일부 대체가 가능하다. 여기서 일부라는 표현을 쓴 이유는 이러한 자동화의 시작과 끝에 조건이 있기 때문이다. 먼저, 명확한 기준과 규칙을 기반으로 일정한 루틴이 있는 작업일수록 자동화에 적합하다. 코드 수정 및 버그 탐지, AI 에이전트를 활용한 QA, 반복되는 텍스처 생성 작업이 이에 해당한다.

다음은 완전한 자동화는 힘들다는 것이다. 작업자의 확인 혹은 후작업을 거쳐야 비로소 완료된다. 그러나 생성형 AI의 발전이 가속화되면 작업의 정밀도와 완성도가 올라가고, 게임 엔진에 보편적인 툴로 장착이 되는 등 표준화가 이루어지면서 어느 정도 해소가 가능하다. 생성형 AI의 활용 가능 범위가 확대되는 것은 물론 작업자가 손을 거치는 후작업에 대한 비중도 감소할 것이라 예상된다.

생성형 AI가 가져온 변화는 개발 및 서비스 과정에서 다양한 직군의 작업 생산성을 높이고 업무 프로세스를 효율화하는 데 기여할 것으로 보인다. 그러나 이 과정에서 기존 직군의 업무 범주가 변화하거나 경계가 흐려지는 등 새로운 변화에 대한 주시가 필요하다.

메타적 역량과 직군의 재구성

생성형 AI의 등장이 직업과 고용에 끼치는 영향에 대한 논의의 한편에는 AI가 언젠가는 인간을 대체할 것이라는 불안이 자리 잡고 있다. 인공지능 전문가 제리 카플란(Jerry Kaplan)은 생성형 AI가 지금껏 자동화될 수 있다고 전혀 상상하지 못했던 직업군에 영향을 줄 것이라고 했지만, 자동화가 곧 대체 가능함을 의미하는 것은 아니다. 그렇다면 앞서 살펴본 다양한 게임 직군에 걸쳐 공통적으로 나타나는 아이디어 구체화와 반복 작업의 효율화는 게임 산업의 직군과 고용에 어떤 영향을 미치는가.

개인의 차원과 집단 창작 시스템을 전제한 조직의 차원이 다르다. 먼저 개인에게는 메타적 역량의 강화가 요구된다. 생성형 AI를 활용하는 것이 특정 직군에 국한된 이슈가 아니므로 기획자, 디자이너, 프로그래머와 같은 개발 직군과 PM이나 마케터와 같은 사업 직군에 이르기까지 생성형 AI 도구를 다루고 활용할 수 있는 기술을 익히는 것이 필요하다. 이때 생성형 AI를 활용해 만든 결과물을 검토하고 개선하기 위해 필수적인 것이 메타적 역량이다. 메타적 역량은 어떤 특정한 전문 지식을 확보하는 것이 아니라 숲을 볼 수 있는 인지 능력을 이른다. 이는 자신의 분야에 대한 전문적인 지식을 기반으로 생성형 AI를 활용할 때 검토와 상승적 활용이 가능한 것은 물론 전체 프로젝트 과정과 다른 직군 간의 협업을 고려할 수 있는 거시적 접근 역량을 모두 아우른다.

다음은 조직의 차원이다. 게임을 만들기 위한 집단 창작 시스템에서 어느 정도 정형화된 기존 게임 직군의 경계가 흐려지거나 새로운 직군이 생성될 수 있다. 이는 개발 과정의 변화로 인해 나타날 수도 있고, 직군의 재구성에 의해 개발 과정이 변화할 수도 있다.

먼저, 생성형 AI에 특화된 새로운 직군이 등장할 수 있다. AI가 게임 엔진이나 다양한 개발 도구와 결합하면서 해당 AI 툴을 관리하거나 프로젝트에 맞게 커스터마이징하는 역할이 필요하다. 또한 프로젝트의 방향성에 따라 AI가 산출한 결과물을 개선하고 고도화하는 역할도 필요하다. 해당 직군을 어떻게 명명하는지는 기업이나 프로젝트에 따라 달라질 수 있지만 이러한 역할을 수행하는 직군에 대한 수요가 늘어나고 있다. 오랜 시간 게임 업계에 몸담은 한 그래픽 아티스트는 AI 활용에 대한 필자의 질문에 "내러티브 디자이너가 이미지 생성형 AI를 통해 콘셉트 구상을 완료하면 원화 또는 3D 모델러가 그것을 수정하거나 고도화하는 방식이 주로 사용되고 있다"고 밝히며, 생성형 AI 활용은 과도기를 지나 이미 적응기로 접어들었으며 적극적 활용과 소극적 활용의 정도 차이가 있을 뿐이라고 말한다. 소규모 인원으로 개발 프로젝트를 진행하는 경우, 기획자가 이미지 생성 AI를 통해 원화 콘셉트를 구상하거나 프로그래머가 챗봇 기반의 AI를 통해 기반 스토리를 생성하는 등 기획, 디자인, 프로그래밍의 간의 경계가 흐려질 수 있다.

비대면과 메타버스 붐에 힘입어 몸집을 키웠던 게임 업계에서 엔데믹 이후 인원 감축이 잇따르면서 그 빈자리를 AI가 대체하는 것이 아닌가 하는 목소리가 존재한다. 그러나 AI가 인간을 대체함으로써 고용의 감소로 이어질 것이라는 의견은 개발과 서비스 파이프라인의 변화에 따른 직군의 재구성과 필요 역량의 변화 등 복합적이고 역동적인 게임 산업의 변화를 모두 담아내기에는 다소 단편적인 시선이다.

참고문헌

조영준(2024.06.28). 상반기 글로벌 게임업계 1만 명 이상 해고…AI가 빈자리 채우나, 동아일보, https://www.donga.com/news/It/article/all/20240628/125675962/1

Kaplan, J.(2015). *Humans need Not Apply*. Yale University Press. 신동숙 옮김(2023). 『인간은 필요 없다』. 한스미디어.

Schell, J.(2008). *The art of game design : a book of lenses*. Morgan Kaufmann Publishers. 전유택·이형민 옮김(2010). 『THE ART OF GAME DESIGN』. 에이콘출판사.

10
AI와 플레이어

AI 제작 도구들은 게임 창작의 문턱을 낮추고 있다. 게임 제작자는 그래픽이나 프로그래밍과 관련된 전문 지식이 없어도 자신이 원하는 게임을 만들 수 있다. 게임 엔진이 게임 개발의 민주화에 기여했던 것에 이어 생성형 AI 도구는 사용자 친화적인 인터페이스를 통해 비전문가도 쉽게 사용할 수 있어 소프트웨어 층위를 아우르는 창작 행위에 접근성을 높인다. 게임 플레이어와 창작자의 경계가 흐려지고 있다.

종교와 AI?

플레이어에서 개발자로

디지털 미디어 환경은 콘텐츠 창작과 향유의 패러다임을 바꾸어 놓았다. 콘텐츠 소비자는 자신이 원하는 콘텐츠를, 원하는 시간과 장소에서, 원하는 형태로 즐길 수 있다.

스마트폰을 중심으로 한 모바일 미디어의 대중화는 누구나 손쉽게 글을 쓰고, 사진을 찍고, 영상을 촬영할 수 있게 만들었다. 스마트폰이 보편적인 콘텐츠 저작 도구로 기능한다면, 소셜 미디어 플랫폼은 등장은 자신이 만든 콘텐츠를 공유할 수 있는 장으로 기능한다. 자신이 원한다면 인스타그램에 자신의 운동을 소재로 툰(toon)을 연재하기도 하고, 유튜브에 자신의 여행 브이로그를 업로드할 수도 있다. 이때 에디터나 프로듀서의 승인은 필요 없다. 디지털 패러다임에서 일방향적으로 콘텐츠를 수용하던 독자, 관객, 시청자는 창작 주체인 사용자(user)로 재탄생한다(서성은 외, 2023). 이처럼 사용자는 늘 자신의 이야기를 하고 싶은 인간의 욕망이 창작의 도구와 퍼블리싱의 장을 확보하면서 부상한 개념이다.

텍스트나 이미지보다 제작의 진입 장벽이 높은 영상 콘텐츠에서도 이러한 사용자의 활약은 두드러진다. 촬영과 편집 저작 도구의 대중화와 모바일로 접근 가능한 동영상 스트리밍 플랫폼의 부상은 숏폼이라는 새로운 콘텐츠 양식을 촉발하기도 했다. 누구나 자신의 이야기를 영상 형식으로 부담 없이 표현할 수 있게 되었다.

텍스트와 이미지, 영상에 이어 소프트웨어 층위까지 포함하는 게임은 영상보다 진입 장벽이 높다. 게임 창작자가 자신의 메시지를 게임에 담아내기 위해서는 텍스트나 이미지, 영상을 메카닉스에 담아 소프트웨어 층위와 결합해야 했다. 해당 분야와 소프트웨어에 대한 전문지식이 없다면 쉽지 않은 일이다. 게임 엔진이 게임 제작에서 중요한 인프라로 자리 잡으면서 언리얼이나 유니티와 같은 엔진이 인디 게임 개발자나 소규모 개발사들에 친화적인 정책을 펼치며 게임 제작의 민주화(이정엽, 2015)를 촉진했지만, 플레이어가 게임 제작에 뛰어드는 일은 다른 차원의 문제였다.

그런 점에서 모드(MOD)는 게임 플레이어가 창작 주체로 전환될 수 있는 잠재적 가능성을 보여 주었다. 모디피케이션(Modification)의 줄임말인 모드는 플레이어가 소프트웨어를 사용해 기존 게임에 다양한 변형과 수정을 가하는 일종의 2차 창작을 의미한다. 아바타나 인터페이스를 커스터마이징하는 것부터 새로운 아이템이나 공간, 규칙의 변형과 추가에 이르기까지 그 스펙트럼이 다양하다.

모드를 통해 새로운 게임이나 장르가 생성되기도 한다. FPS 게임 〈카운터 스트라이크(Counter Strike)〉(2000)는 FPS 게임 〈하프라이프(Half-Life)〉(1998)의 모드에서 출발했다. MOBA(MultiPlayer Online Battle Arena) 장르로 발전한 AOS(Aeon of Strife) 또한 〈스타크래프트(Starcraft)〉(1998)의 유즈맵이 시작이었다. RPG 〈엘더 스크롤(Elder Scroll)〉 시리즈를 제작한 베데스다 게임 스튜디오는 〈엘더 스크롤〉의 모드 툴을 플레이어에게 직접 제공하기도 했다.

윤혜영은 모드가 컴퓨터를 매개로 한 인간의 경험이 문화 인터페이스에서 문화 소프트웨어로 이동한 것을 의미한다고 말하며, 이는 컴퓨터를 통한 경험에서 컴퓨터를 통한 생성과 창작으로의 이동을 의미한다고 지적한다. 그러나 게임의 모드는 게임 제작의 민주화로서 의미를 지니기보다는 소수의 플레이어가 마니악하게 즐기는 의미가 더 강하다는 한계를 갖는다.

생성형 AI는 더욱 대중적인 의미에서 플레이어에서 개발자로의 전환을 촉진하고 있다. 챗봇과 같은 자연어 형식을 기반으로 하는 사용자 친화적이고 직관적인 인터페이스를 통해 코드와 스크립트를 작성할 수 있으며,

3D 모델링, 애니메이션, 텍스처 등 구현이 복잡한 게임 에셋도 비교적 쉽게 생성할 수 있다. 플레이어가 만든 결과물을 검토하고 개선을 제안하거나 피드백을 실시간으로 제공하기도 한다.

게임 제작을 위해 활용되는 소프트웨어에 대한 지식이나 라이선스가 없어도 일정 부분 개발이 가능한 환경이 구축된 것이다. 플레이어는 AI와의 협업을 통해 복잡하고 전문성을 요구하는 게임 제작 분야에 관한 지식이 없어도 자신의 아이디어를 구현할 수 있다. 텍스트와 이미지, 영상 콘텐츠와 비교할 때 진입 장벽이 높았던 게임 또한 창작자와 사용자 간의 경계가 흐려지고 있다.

공유의 장, 사용자 생성 콘텐츠 플랫폼

창작의 주체로서 사용자가 의미를 가지기 위해서는 저작 도구는 물론 자신이 만든 것을 다른 사용자와 공유할 수 있는 장이 필요하다. 유튜브와 같은 동영상 스트리밍 플랫폼은 영상 형식을 매개로 창작 주체인 사용자 간의 상호작용이 일어나고 있는 장이다. 유튜브 사용자들은 다른 사용자의 채널을 구독하고, 댓글을 남기는 동시에 자신의 채널에 일상 브이로그를 올리거나 자신의 관심사를 기반으로 영상 콘텐츠를 만들어 업로드할 수 있다.

플레이어가 게임을 창작하는 데서 생성형 AI가 저작 도구의 역할을 한다면, 만들어진 콘텐츠는 어떤 방식으로 공유되고 있는가. 물론 밸브의 스팀(Steam)과 같은 온라인 플랫폼이 존재한다. 스팀은 게임 퍼블리싱의 지형을 바꾸어 놓은 플랫폼으로, 스팀을 통해 다양한 게임 제작자와 플레이어가 만날 수 있다. 스팀 또한 오픈 플랫폼에 걸맞게 인디 게임에 자사의 플랫폼을 오픈했다. 2012년에는 사용자들의 투표를 통해 좋은 평가를 얻은 인디 게임을 퍼블리싱할 수 있는 '그린라이트(green light)' 시스템을 도입했으며, 2017년에는 그린라이트를 폐지하고 앱스토어나 구글플레이처럼 제작자가 소정의 등록비를 내면 직접 스팀에 게임을 등록할 수 있는 '스팀 다이렉트(steam direct)'를 도입했다. 이처럼 스팀은 게임 생태계를 바꾸어 놓은 플랫폼이지만, 여전히 전문 제작자를 위한 플랫폼이며, 사용자가 만든 콘텐츠를 자유롭게 공유할 수 있는 것은 아니다.

이른바 사용자 생성 콘텐츠 플랫폼은 플레이어가 게임을 만들어 그 결과물을 다른 플레이어에게 공유하고, 다른 플레이어가 만든 콘텐츠를 즐기는 행위가 모두 일어나는 플랫폼이다. 무엇보다 사용자 생성 콘텐츠 플랫폼에서는 게임을 만드는 행위 또한 놀이가 된다.

샌드박스 게임 〈마인크래프트〉(2011)는 대표적인 사용자 생성 콘텐츠 플랫폼이다. 〈마인크래프트〉가 플랫폼을 표방한 것은 아니지만 플레이어들이 자유롭게 자신이 원하는 콘텐츠를 만들 수 있는 모드를 제공해 왔다. 〈마인크래프트〉의 모드는 난이도 조정이나 커스터마이징과 같은 소극적인 형태부터 완전히 새로운 시스템을 만드는 적극적인 형태도 포함한다. 이를 통해 〈마인크래프트〉의 플레이어는 롤플레잉, 슈팅, 퍼즐 등 다양한 장르의 플레이를 〈마인크래프트〉 내에서 즐길 수 있다. 인기 게임 모드를 제작한 플레이어들은 전문 제작자로 전환되기도 한다. 〈마인크래프트〉는 높은 자유도와 사용자 생성 콘텐츠를 통한 플레이어 간의 상호작용을 통해 일종의 메타 게이밍 플랫폼으로 자리 잡았다.

본격적으로 사용자 생성 콘텐츠 플랫폼을 표방한 것은 〈로블록스(Roblox)〉(2006)다. 〈로블록스〉는 전문적인 고급 기술이 없이도 자신이 원하는 게임을 만들 수 있도록 '로블록스 스튜디오'를 제공하고 있으며, 사용자는 '로블록스 스튜디오'와 제공되는 다양한 에셋을 활용해 콘텐츠를 만들 수 있다. 사용자는 '로블록스 스튜디오'에서 제작한 콘텐츠를 〈로블록스〉에서 다른 플레이어들에게 공유하고 이를 통해 수익을 창출할 수 있다. 〈로블록스〉는 '로블록스 스튜디오'에서 콘텐츠를 만드는 플레이어들을 '크리에이터(creator)', 그들이 만든 콘텐츠는 '체험(experience)'이라 지칭한다. 크리에이터들은 자신의 상상력을 게임의 문법으로 표현하고, 다른 사용자들과 게임을 매개로 소통한다. 이 과정에서 영화, 드라마, 애니메이션, 케이팝 등 다양한 콘텐츠가 상상력의 소재가 되기도 한다.

로블록스 스튜디오를 활용하는 것에 전문 개발자 수준의 지식을 요하는 것은 아니지만 크리에이터가 원활하게 자신이 원하는 형태를 구현하기 위해서는 기본적인 프로그래밍 지식이 필요하다. 그렇기에 크리에이터 커뮤니티에서 팁을 얻거나 다른 사용자들이 시행착오를 거듭하며 얻은 정보를 토대로 공유하는 유튜브 콘텐츠를 시청하기도 하는 등의 노력을 자연스럽게 동반한다.

이에 〈로블록스〉는 게임을 만들고 싶은 플레이어들이 아이디어만 있으면 게임을 더욱 쉽게 만들 수 있도록 로블록스 스튜디오 내 생성형 AI 시스템을 도입했다. 대화형 AI와 같이 직관적인 인터페이스의 도움을 받아 코딩과 에셋 생성을 쉽게 할 수 있도록 한 것이다. 이를 통해 아바타, 텍스처, 3D 장면 등을 빠르고 쉽게 제작할 수 있다. 2023년 GDC(Game Development Conference)에서 로블록스 스튜디오의 책임자 스테프 코라차(Stef Corazza)는 코드를 자동으로 생성하는 '코드 어시스트'의 베타 버전을 공개하며 코딩 작업의 자동화가 크리에이터들이 창의적인 작업에 집중할 수 있도록 도와줄 것이라 말하며, 좋은 아이디어가 있는 크리에이터가 기술적 장애물에 막히지 않도록 하는 것이 목적임을 밝힌 바 있다.

〈마인크래프트〉나 〈로블록스〉와 같은 사용자 생성 콘텐츠 플랫폼은 공교롭게도 코로나로 인한 비대면 기간 내내 메타버스의 성공적인 사례로 주목받은 바 있다. 3D 인터랙티브 환경인 메타버스에서 중요한 것은 3D 가상 세계 그 자체가 아니라 공간에 대한 경험이다. 〈마인크래프트〉와 〈로블록스〉는 게임을 플레이하고, 게임을 만드는 경험을 매개로 다른 플레이어들과 연결된다. 다른 플레이어들과 게임을 매개로 연결되는 상호작용의 경험은 〈마인크래프트〉와 〈로블록스〉가 엔데믹 이후에도 메타버스 플랫폼으로서 지속 가능할 수 있는 이유다. 이와 같은 사용자 생성 콘텐츠 플랫폼에서 AI는 사용자들의 창작 행위를 돕고, 원활한 상호작용이 일어날 수 있도록 돕는다.

참고문헌

서성은 외(2023). 『스토리텔링 입문』. 컴북스캠퍼스.

윤혜영(2017). 『디지털 게임의 모드』. 커뮤니케이션북스.

이정엽(2015). 『인디게임』. 커뮤니케이션북스.

이진(2024). 메타버스의 캐릭터 재현 연구. ≪만화애니메이션연구≫, 제74호, 373-404.

한수경(2023.03.25). 로블록스, "모든 사용자를 크리에이터로 만드는" 생성형 AI 게임 디자인 툴 출시, 매드타임즈, https://www.madtimes.org/news/articleView.html?idxno=17149

이진

한양대학교 문화콘텐츠학과 교수다. 이화여자대학교에서 국어국문학을 전공하고, 동 대학교 대학원 디지털미디어학부에서 "온라인 게임 스토리의 업데이트 양상 연구: 리니지2를 중심으로"(2009)로 석사 학위를 받았다. 이후 현장으로 나가 케이블 방송 편성 PD와 게임 기획자, 퍼블리싱 PM으로 활동한 뒤 학교로 돌아왔다. 이화여자대학교 융합콘텐츠학과에서 "디지털 게임의 모빌리티 연구"(2018)로 박사학위를 취득했다. 연구 분야는 디지털 스토리텔링 전반으로, 스토리텔링을 중심으로 웹콘텐츠와 트랜스미디어, 콘텐츠 IP, 메타버스 등 역동적으로 변화하는 문화콘텐츠 분야에 발맞추어 연구 분야를 넓히고 있다. 저서로 『스토리텔링 입문』(공저, 2023) 『K-스토리텔링』(공저, 2022), 『모바일 게임 스토리텔링』(2020), 『게임 사전』(공저, 2016), 『트랜스미디어 스토리텔링의 이해』(공저, 2015)가 있다. 논문은 "AI 기반 영상 콘텐츠 저작도구의 유형 및 동향"(2024), "메타버스의 캐릭터 재현 연구"(2024), "메타버스 개념과 유형에 대한 시론"(2021), "게임 IP 활용에 대한 미디어 산업 종사자들의 인식 연구"(2021), "숏폼 동영상 콘텐츠 유형 연구"(2020) 등 다수가 있다.